Der Sprachführer
Portugiesisch

Mehr Kontakt zu Land und Leuten

Herausgegeben von Ethem Yılmaz

Max Hueber Verlag

Herausgeber der Reihe „Der Sprachführer":
Ethem Yılmaz

Bearbeitet von Irmgard K. Costa

Bildnachweis
Braun & Voigt, Heidelberg 11; Mehmet Tançgil, Düsseldorf 19, 53, 56; Condor-Bildarchiv 29; M. Hengirmen, Ankara 26, 57, 77; Mehmet Unay, Düsseldorf 65, Portugiesische Touristik- und Handelsbüro, Frankfurt 103; Vural Uysun, Bochum 91; Mehmet Unay, Düsseldorf 94; Tuncay Supcun, Bochum 95; MHV-Archiv (Christian Regenfus) 109

Das Werk und seine Teile sind urheberrechtlich geschützt.
Jede Verwertung in anderen als den gesetzlich zugelassenen
Fällen bedarf deshalb der vorherigen schriftlichen
Einwilligung des Herausgebers.

3. 2. 1. | Die letzten Ziffern
2000 1999 98 | bezeichnen Zahl und Jahr des Druckes.
Alle Drucke dieser Auflage können, da unverändert,
nebeneinander benutzt werden.
1. Auflage
© 1998 Sonderausgabe des Herausgebers Ethem Yılmaz
für den Max Hueber Verlag, D-85737 Ismaning
Umschlaggestaltung: Braun & Voigt, Heidelberg
Layout: Saim Topçu, Dinslaken
Druck: Laupenmühlen Druck, Bochum
Printed in Germany

Inhalt

Einführung 10

Begegnungen 11

Anrede 12
Begrüßung 12
Persönliches 12
   Wortliste Persönliches 13
Schule/Studium/Beruf 14
   Wortliste Schule/Studium/Beruf 14
Verständigung 15
   Wortliste Verständigung 15
Hilfe für Behinderte 16
Bitten 16
Danken 16
Entschuldigung 17
Ja 17
Nein 17
Vielleicht 17
Verabredung 17
Abschied 18
Glückwunsch 18

Zahlen, Zeit und Wetter 19

Zahlen 20
Maße/Gewichte 20
Uhrzeit 21
Verschiedene Zeitangaben 22
Datum 22
Wochentage 23
Monate 23
Jahreszeiten 23
Feiertage in Portugal 24
Wetter 25
   Wortliste Wetter 28

Reisen 29

Aufenthalt im Ausland 30
    Wortliste Aufenthalt im Ausland 30
Mit dem Auto 31
Fragen nach dem Weg 31
Richtungen und Ortsangaben 32
Schilder/Aufschriften 32
Tankstelle 34
Reifenservice 35
Panne 35
Verkehrsunfall 35
Reparaturwerkstatt 36
Vermietung (Auto, Motorrad, Fahrrad) 37
    Wortliste Auto 37
Garage und Parkplatz 39
    Wortliste Garage/Parkplatz 40
Mit der Bahn 40
Im Zug 41
    Wortliste Zug 42
Mit dem Flugzeug 43
Am Flughafen 44
    Wortliste Flugzeug/Flughafen 45
Mit dem Schiff 46
An Bord 46
    Wortliste Schiff 47
Langstreckenbusse 48
Gepäck 49
    Wortliste Gepäck 49
Nahverkehrsmittel 50
Bus, Straßenbahn, U-Bahn 50
Taxi 51
Per Anhalter 52
    Wortliste Nahverkehrsmittel 52

Reisen mit Kindern 53
    Wortliste Reisen mit Kindern 56

Unterkunft 57

Information 58
Hotel 58
Beanstandungen 59
    Wortliste Hotel 60
Ferienwohnung/Ferienhaus 61
    Wortliste Ferienwohnung/Ferienhaus 62
Camping 63
    Wortliste Camping 64
Abreise 64

Gastronomie 65

Reservierung 67
Bestellung 67
Beanstandungen 68
Rechnung 68
Gemeinsam essen 68
    Wortliste Gastronomie 69
Speisekarte 70
Getränkekarte 76

Einkaufen 77

    Beschreibung von Gegenständen (Wortliste) 78
Allgemeines 79
    Wortliste Allgemeines 79
Bezahlen 80
    Wortliste Bezahlen 81
Nahrungsmittel 81
    Wortliste Nahrungsmittel 81
Haushaltsartikel 83
    Wortliste Haushaltsartikel 83

Drogerieartikel	84
Wortliste Drogerieartikel	84
Kleidung	85
Reinigung	85
Wortliste Kleidung/Reinigung	85
Schuhe	86
Schuhmacher	86
Wortliste Schuhe/Schuhmacher	87
Fotogeschäft	87
Wortliste Fotogeschäft	88
Juwelier/Uhrmacher	88
Wortliste Juwelier/Uhrmacher	89
Schreibwarengeschäft/Buchhandlung	89
Wortliste Schreibwaren/Buchhandlung	90
Souvenirs	90
Wortliste Souvenirs	90

Körperpflege — 91

Damenfriseur	92
Herrenfriseur	92
Maniküre/Pediküre	93
Wortliste Körperpflege	93

Gesundheit — 95

Information	96
Beim Arzt	96
Beim Zahnarzt	97
Im Krankenhaus	97
Wortliste Arzt/Zahnarzt/Krankenhaus	98
Wortliste Körperteile	100
Apotheke	101
Wortliste Apotheke	102

Besichtigungen, Unterhaltung und Sport — 103

Ausflug/Besichtigung 104
Nachtleben 105
    Wortliste Ausflug/Besichtigung/Nachtleben 105
Sport 106
Wassersport 107
    Wortliste Sport/Wassersport 108

Behörden und Bank — 109

Einreise 110
Zoll 110
    Wortliste Einreise/Zoll 111
Post 112
Telefon 112
Telegramm/Telefax 113
    Wortliste Post/Telefon/Telegramm/Telefax 113
Bei der Polizei 114
    Wortliste Polizei 115
Fundbüro 115
    Wortliste Fundbüro 115
Bank 116
    Wortliste Bank 116

Kurzgrammatik — 117

Wörterbuch Deutsch - Französisch — 133

Wörterbuch Französisch - Deutsch — 157

Einführung

Groß im Inhalt, klein im Preis - wir freuen uns, daß Ihre Wahl auf den neuen Sprachführer gefallen ist.
Was die kleinen Neuen von Hueber ganz groß macht, verraten die besonderen Details von A bis Z.

Aktuell: die Vielzahl praktischer Sätze und Formulierungen. Übersichtlich gegliedert, garantieren sie, daß Sie sich in allen wichtigen Situationen bestens in Ihrem Gastland verständigen können.

Farbe: durch farbige Orientierungshilfen können Sie die einzelnen Kapitel schnell und ohne umständliches Nachschlagen finden.

Grammatik: einige grundlegende Grammatikregeln vermitteln einen Einblick in den Aufbau der Sprache.

Hilfreich: die neue Lautschrift, die so einfach ist, daß sie einfach jeder versteht.
Für die Wörter, die problemlos ausgesprochen werden können, haben wir auf eine zusätzliche Lautschrift verzichtet.

Insidertips: die Fülle landeskundlicher Details. Man erfährt Genaues über regionale und kulturelle Besonderheiten, wo man sich abends trifft und, und, und. Kurz: alles, wie man Land und Leuten näherkommt.

Ungewöhnlich: das umfassende Wörterbuch. Vom Deutschen ins Portugiesische und vom Portugiesischen ins Deutsche bietet es mit mehr als 2400 Stichwörtern eine große Palette für individuelle Ausdrucksmöglichkeiten.

Zusätzlich: ein Kapitel für das Reisen mit Kindern.

Mit anderen Worten: die handlichen Begleiter für unterwegs sind prall gefüllt mit allem, was die Reise zu einem ganz außergewöhnlichen Erlebnis macht.

Begegnungen

Anrede

> In Portugal wird bei der Anrede von Männern und Frauen ein Unterschied gemacht. Während Männer mit **Senhor (Sr.)** und dem Familiennamen angesprochen werden, werden Frauen lediglich mit dem Vornamen und **Senhora Dona** angeredet. Da in Portugal den Titeln sehr viel Wert beigemessen wird, werden akademische Titel oft gebraucht wie z.B. Senhor Engenheiro (Costa) oder Senhora Doutora (Isabel). Unter näheren Bekannten ist die Anrede mit dem Vornamen und der Sie-Form geläufig. Die Du-Form wird eigentlich nur bei ganz engen Freunden und bei Kindern gebraucht. Häufig werden aber auch selbst noch Kinder von nicht zur Familie gehörenden Personen mit „Sie" angesprochen.
>
> Herr ...   Senhor ... (Familienname)
>   ßenjor
> Frau ...   (Senhora) Dona ... (Vorname)
>   ßenjora dóna

Begrüßung

Guten Morgen!	Bom dia! bong dia!
Guten Tag!	Boa tarde! boa tarde!
Hallo!	Óla! ola!
Guten Abend!	Boa noite! boa noite!
Wie geht es Ihnen/Euch (Dir)?	Como está? komu ischtá? Como estão? komu ischtaung? (Como estás? komu ischtásch?) Como vai? komu wai? Como vão? komu waung? (Como vais? komu waisch?)
Danke, gut.	Bem, obrigado/-a. bäing, obrigadu/-a.
Herzlich willkommen!	Seja bemvindo! seischa bäingwindu!
Ich freue mich! / Wir freuen uns!	Fico/ficamos muito contente/-s! fiku/fikámusch muitu contente/-sch!

Persönliches

Sind Sie Herr/Frau Silva?	É o senhor Silva? ä u ßenjor ßilwa? É a senhora Dona Isabel? ä u ßenjora dona ısabel?
Ja, ich bin Herr Silva. Ja, ich bin Frau Isabel.	Sim, sou o Senhor Silva. ßing, ßo u ßenhor ßilwa. Sim, sou a senhora Dona Isabél. ßing, ßo a ßenjora dóna Isabél.

Nein, ich bin Herr Costa.	Não, sou o Senhor Costa. naung, ẞo u ẞenjor koschta.
Nein, ich bin Frau Maria.	Não, sou a Senhora Dona Maria.
	naung, ẞo a ẞenjora dóna maria.
Wie ist Ihr Vorname?	Como é o seu nome de baptismo?
	komu ä u ẞeu nóme de batischmu?
Mein Vorname ist Gerd/...	O meu nome de baptismo é Gerd/...
	u meu nóme de batischmu ä gerd/...
Wie ist Ihr Familienname?	Como é o seu apelido? komu ä u ẞeu apelidu?
Mein Familienname ist Müller/...	O meu nome de família é Müller/...
	u meu nóme de família ä müller/...
Wann sind Sie geboren?	Quando nasceu? kwandu naschẞeu?
Ich bin am 16.02.1965/... geboren.	Nasci no dia 16 de Fevereiro de 1965/...
	naschẞi nu dia deẞaẞeisch de fewreiru de mil
	nowẞentusch i ẞeẞénta i ẞinku/...
Wo sind Sie geboren?	Onde nasceu? onde naschẞeu?
Ich bin in Bochum/... geboren.	Nasci em Bochum/... naschẞi äing bochum/...
Wo wohnen Sie?	Onde mora? onde móra?
Ich wohne in Bochum/...	Moro em Bochum/... moru äing bochum/...
Sind sie verheiratet?	O senhor/a senhora é casado/-a?
	u ẞenjor/a ẞenjora ä kaẞadu/-a?
Nein, ich bin ledig.	Não, sou solteiro. naung, ẞo ẞôlteiru/-a.
Ja, ich bin verheiratet.	Sim, sou casado. ẞing, ẞo kaẞadu/-a.
Haben Sie Kinder?	Tem filhos? täing, fieljusch?
Nein, ich habe keine Kinder.	Não, não tenho filhos. naung, naung ténju fieljusch.
Ja, ich habe Kinder.	Sim, tenho filhos. ẞing, ténju fieljusch.

Wortliste Persönliches

Alter idade
Ehefrau (formell)
esposa ischposa
(allgemein) mulher muljer
Ehemann (formell)
esposo ischposu
(allgemein)
marido maridu
Ehepaar casal kasal
Familie familia
Familienname
apelido apelidu
Familienstand
estado civil ischtadu ẞiwil
Frau mulher muljer

Geburtsort local de
nascimento lokal de
naschẞiméntu, naturalidade
Geburtsdatum
data de nascimento
data de naschẞimentu
heißen chamar-se schamar-ẞe
Herr senhor ẞenjor
Kind (allgemein)
criança krianẞa
Kind (von) filho de fielju de
Identität identidade
ledig solteiro/-a ẞoltäiru
männlich
masculino maschkulinu

Name nome nóme
Nationalität
nacionalidade naẞionalidade
Religion religião relischiaung
Sohn filho fielju
Tochter filha fielja
verheiratet
casado/-a kasadu/a
Vorname nome de baptismo
nóme de batischmu
weiblich feminino femininu
wohnen morar
Wohnort residência
residénẞia local de residência
lokal de residénẞia

Schule/Studium/Beruf

Was sind Sie von Beruf?	O que faz? u ké fasch?
	Qual é a sua profissão? kwal é a ßua profißaung?
Ich bin Lehrer/-in.	Sou professor/-a. ßo profeßor/-a.
Ich bin arbeitslos.	Sou desempregado. ßo desempregadu.
Ich gehe zur Schule/	Ando na escola/no Secundário.
aufs Gymnasium.	andu na ischkola/nu ßekundário.
Ich bin Student/-in.	Sou estudante. ßo ischtudante.
Was für Hobbies haben Sie?	Que passatempos tem? ké paßatempusch taing?
Ich spiele Fußball.	Jogo futebol/a bola. schogu futbôl/a bôla.
Mein Hobby ist Reisen/...	O meu passatempo é viajar/...
	u meu passatempu é viaschar/...

Wortliste Schule/Studium/Beruf

Angestellte/-r
empregado äingpregadu
Apotheker/-in
o farmaceutico u farmaßeutiku
Arbeiter/-in
o trabalhador u trabalhador
Arzt/ o médico/ u médiku
Ärztin a médica a médika
Ausbildung
a formação a formaßaung
Automechaniker
o mécanico de automóveis
u mékaniku de automówäisch
Bäcker o padeiro u padäiru
Beamter/Beamtin
o funcionário público
u funkßionáriu públiku
Beruf
a profissão a profissaung
Berufsschule
a escola de formação
profissional
a ischkóla de formaßaung
profißional
Briefträger/-in
o carteiro u kartäiru
Buchhalter/-in
o/a contabilista
u/a kontabilischta
Dolmetscher/-in
o/a interprete u/a intérprete
Elektriker
o electricista u elektrißischta

Fakultät
a faculdade a fakuldade
Fischer
o pescador u peschkador
Friseur/Friseuse
o barbeiro u barbäiru;
(homens)
o cabeleireiro/a cabelereira
u cabeleiräiru/a kabeleräira
Geschäftsführer
o gerente u scherente
Grundschule
a escola primária
a ischkola primária
Gymnasium
o liceu u lißeu,
o ensino secundário
u enßinu ßekundáriu
Handwerker
o artesão u artesaung,
o trabalhador u trabalhador
Hausfrau a dona da casa
Hausmeister
o porteiro u portäiru
Hochschule
universidade
uniwerßidade
Ingenieur/-in
o engenheiro u äingschenjäiru
a engenheira
a äingschenjäira

Juwelier
o joalheiro u schualjäiru,
o ourives u oriwesch
Kaufmann/Kauffrau
o/a comerciante
o/a komerßiante
Kellner/-in
o empregado da mesa
u äingpregadu da mesa
Kindergärtnerin
a educadora da infância
a edukadora da infänßia
Krankenschwester
a enfermeira a enfermäira
Krankenpfleger
o enfermeiro u enfermäiru
Künstler/-in
o/a artista u/ a artischta
Landwirt/-in
o agricultor u agrikultor,
a agricultora a agricultora
Lehrer/-in
o professor u profeßor
a professora a profeßora
Lehrling
o aprendiz u aprendiesch
Maler o pintor u pintor
Malerin
a pintora u pintora
Mechaniker
o mecânico o mekániku
Metzger o homen do talho
u ómäing du talju

Musiker/-in
o músico u músiku
Optiker/-in
o/a oculista
u/ a okulischta
Polizist/-in
o/ a policia o/a polißia
Professor/-in
o professor u profeßor
a professora a profeßora
Rechtsanwalt/
o advogado u adwogadu
Rechtsanwältin
a advogada a adwogada
Reiseleiter/-in
o/a guia (turístico/-a)
o/a gia (turischtiko/-a)
Rentner/-in
o/a reformado/-a
u/a reformado/-a
o/a aposentado/-a
o/a apoʒentado/-a
Richter/-in
o /a juiz u/a schuiesch

Schauspieler/-in
o actor u aktor
a actriz a aktriesch
Schlosser
o serralheiro o ßerraljäiru
Schneider/-in
o alfaiate o alfajate;
a modista a modischta
Schreiner
o carpinteiro u karpintäiru
Schriftsteller
o escritor u eschkritor
Schuhmacher
o sapateiro u ßapatäiru
Schule a escola a ischkola
Schüler o aluno u alunu
Schülerin
a aluno a alunu
Sekretär/-in
o secretário u sekretáriu
a secretária a sekretária
Steuerberater/-in
o consultor fiscal
u konßultor fischkal

Student/-in
o/ a estudante u/a ischtudante
Studium
os estudos usch ischtudusch
Taxifahrer
o condutor de táxi
u kondutor de táksi
Techniker
o técnico u tékniku
Tischler
o carpinteiro u karpintäiru
Übersetzer/-in
o tradutor u tradutor
a tradutora a tradutora
Verkäufer/-in
o vendedor o wendedor
a vendedora a wendedora
Vertreter/-in
o representante
u representante
Zahnarzt
o dentista u dentischta
Zahnärztin
a dentista a dentischta

Verständigung

Sprechen Sie Deutsch/ Englisch/...?	Fala alemão /inglés/...? fala alemaung/ingle:sch/...?
Ich spreche etwas Deutsch/...	Falo um pouco de alemão/...
	falu ung poku de alemaung/...
Verstehen Sie mich/uns?	Está a compreender- me/-nos?
	ischtá a kompreender-me/-nusch?
Sprechen Sie bitte langsam.	Fale devagar, por favor. Fale dewagar, pur fawor.
Ich verstehe Sie nicht.	Não compreendo. naung kompreendu.
Wie heißt ... auf Portugiesisch?	Como se diz ... em portuqês?
	komu ße disch ... äing purtugèsch?
Was bedeutet Alemanha/...?	O que quer dizer Alemanha/...?
	u ke kér diser alemanja/...?
Schreiben Sie es mir bitte auf.	Faça o favor de escrever. faßa u fawor de ischkrewer.
Wiederholen Sie bitte.	Repita, se faz favor. repita, ße fasch fawor.

Wortliste Verständigung

aussprechen
pronunciar pronúnßiar
Deutsch alemão alemaung
Fremdsprache
a língua estrangeira
a língua ischtranschäira
langsam devagar dewagar
lernen aprender
lesen ler
schnell depressa
schreiben
escrever ischkrewer
Sprache língua
sprechen falar
übersetzen traduzir tradusier
Verständigung
a comunicação
a komunikaßaung
verstehen
compreender kompreender
wiederholen repetir

Hilfe für Behinderte

Gibt es hier/in ... behindertengerechte Einrichtungen?
Há cá/no/na ... instalações adaptados para deficientes?
á ka/nu/na/ ... inschtalaßeungsch adaptadasch para defißientesch?

Ich bin körperbehindert/ gehbehindert.
Sou deficiente fisicu/parcialmente paralisado.
ßo defißiente fisikul parßialmente paralisadu.

Könnten Sie mir bitte behilflich sein?
Podia dar-me uma ajuda? pudia dar-me uma aschuda?

Ich höre/sehe schlecht.
Oiço/vejo mal. oißu/wäischu mal.

Sprechen Sie bitte etwas lauter.
Fale um pouco mais alto. Fale ung poku maisch altu.

Schreiben Sie das bitte auf.
Faça o favor de escrever. Faßa u fawor de ischkrewer.

Wo ist der/die behindertengerechte Zugang/Tür/Toilette/...?
Onde fica a entrada/porta/casa de banho/ ... para deficientes? onde fika a entrada/porta/kasa de banju/... para defißientesch?

Ist es für Rollstuhlfahrer geeignet?
Serve para cadeira de rodas?
ßerwe para kadäirasch de ródasch?

Gibt es hier eine Behindertentoilette?
Há uma casa de banho para deficientes fisicos?
A uma kasa de banju para defißientesch fisikusch?

Ich brauche jemanden, der mich begleitet/mir hilft/...
Preciso de alguém que me a kompanhe/ajude/...
preßisu de algäing que me a kompanje/aschude/...

Bitten

Darf ich Sie/Dich um einen Gefallen bitten?
Posso pedir-lhe/-te um favor?
posso pedir-lje/-te ung fawor?

Können Sie mir/uns bitte helfen?
Podia ajudar-me /-nos, por favor?
pudia aschudar-me/-nusch, pur fawor?

Bringen/Geben Sie mir bitte eine deutsche Zeitung.
Traga-me/Dê-me um jornal alemão , por favor.
traga-me/dê-me umg schurnal alemaung, pur fawor.

Zeigen Sie mir/uns bitte den Busbahnhof.
Mostre-me /-nos a central dos autocarros, por favor.
moschtre-me/-nusch a ßentral dusch autokarrusch, pur fawor.

Gestatten Sie?
Dá-me licença? da-me lißenßa?

Danken

Danke.
Obrigado/-a. ubri´gadu/-a.

Vielen Dank!
Muito obrigado /-a! muitubrigadu/-a!

Vielen Dank für Ihre Hilfe/Mühe.
Muitoobrigado /-a pela sua ajuda.
muitubri´gadu/-a pela sua aschuda.

Keine Ursache!
Não tem de quê! naung täing de ke!

Gern geschehen.
Foi um prazer. foi ung pra´ser.

Bitte sehr.
De nada. de nada.

Entschuldigung

Entschuldigung!	Desculpe! dischkulpe!
Entschuldigen Sie bitte!	Desculpe, por favor! dischkulpe, pur fawor!
Ich muß mich bei Ihnen/Dir entschuldigen!	Tenho que pedir as suas/tuas desculpas! tenju ke pedir asch suasch/tuasch deschkulpas!
Es war nicht so gemeint!	Não foi com intensão! naung foing cong intenßaung!
Das tut mir sehr leid!	Lamento muito! lamentu muitu!

Ja

Ja.	Sim. ßing.
Sehr gern.	Com muito gosto. kong muitu goschtu.
Natürlich.	Com certeza. kong ßertesa.
Sehr gut.	Muito bem. muitu bäing.
Das gefällt mir.	Gosto disso. goschtu dissu.
Prima.	Óptimo. ótimu.
Ich bin sehr zufrieden.	Estou muito contente. ischtó muitu kontente.

Nein

Nein.	Não. naung.
Auf keinen Fall.	De maneira nenhuma. de manäira nenjuma.
Das ist sehr schlecht.	Isto é muito mal. ischtu ä muitu mal.
Das gefällt mir nicht.	Não gosto disso. naung goschtu dissu.
Das möchte ich nicht.	Não gostaria disso. naung guschtaria dissu.
Das kann ich leider nicht.	Infelizmente não posso ... isso. infelischmente naung possu ....issu.

Vielleicht

Vielleicht ein anderes Mal.	Talvez outra vez. talwesch otra wesch.
Vielleicht.	Talvez. talwesch.
Wahrscheinlich.	Provavelmente. prowawelmente.
Ich weiß noch nicht.	Ainda não sei. ainda naung säi.
Das ist mir egal.	Tanto faz. tantu fasch.
Wie Sie möchten.	Como quiser. komu kieser.

Verabredung

Treffen wir uns morgen abend/...?	Vamos ver-nos amanhã à noite/...? wamusch wer-nusch amanjang a noite/...?
Wollen wir morgen abend/... zusammen ausgehen/tanzen gehen?	Quer sair/dançar comigo amanhã à noite/...? ker ßair/danßar comigu amanjang a noite/...?
Darf ich Sie/Dich zum Essen/... einladen?	Da-me licença de o/a/te convidar para um jantar/...? da-me lißenßa de u/a/te konwidar para ung schantar/...?

17

Nein, ich habe schon eine Verabredung.	Não, obrigado/-a, já tenho um encontro. naung, obrigadu/-a, scha ténju ung enkontro.
Wir können uns Freitag abend/ ... treffen.	Podíamos encontrar-nos na sexta à noite/... pudiamusch enkontrar-nusch na säischta a noite/...
Treffen wir uns um 20.00 Uhr/... im Restaurant/... ?	Vamos encontrar-nos às 8 horas da noite/... no restaurante/...? wamus enkontrar-nusch asch oitu óras da noite/... nu rischtaurante/...?
Ich hole Sie/Dich vom Hotel/... ab.	Vou esperá-la/ -lo / esperar-te no hotel/... Wo ischpera-la/-lu/ ischperar-te nu ôtel/...
Ich bringe Sie nach Hause/...	Vou levá-la/ -lo à casa/... wo lewa-la/-lu a kasa/...
Wollen wir uns noch einmal treffen?	Gostaria de voltar a ver-nos? guschtaria de woltar a wer-nusch?
Vielen Dank für den netten Abend.	Muito obrigado/-a por essa noite agradável. muito ubrigadu /-a pur essa noite agradáwel.
Nein, ich möchte nicht.	Não, não quero. naung, naung keru.
Nein, lassen Sie mich bitte in Ruhe.	Não, deixe-me em paz, por favor. naung, däische-me eng pa:sch, pur fawor.

Abschied

Ich muß mich verabschieden.	Tenho de despedir-me. ténju de deschpedir-me.
Auf Wiedersehen!	Adeus! adéusch!
Bis bald/morgen!	Até logo/amanhã! até lógu/amanjang!
Gute Nacht!	Boa noite! boa noite!
Gute Reise!	Boa viagem! boa wiaschäing!
Grüßen Sie Ihre/-n Frau/Mann von mir/uns!	Cumprimentos à sua esposa (mulher)/ao seu esposo (marido)! kumprimentusch a ßua ischposa (muljer)/ao ßéu ischposa (marido)!
Viel Vergnügen!	Divirtam-se! diwirtam-ße!

Glückwunsch

Herzlichen Glückwunsch! (Sieg, Erfolg)	Os meus parabéns! usch meusch parabengsch!
Herzlichen Glückwunsch zum Geburtstag/...!	Muitos parabéns para o seu aniversário/...! muitusch parabengsch para u ßeu aniverßáriu/...!
Frohes Fest/Schöne Feiertage!	Festas felizes! feschtasch felisesch!
Gute Besserung!	As melhores! asch meljoresch!
Alles Gute!	Boa sorte! boa ßorte!
Viel Glück!	Boa sorte! boa ßorte!
Ein frohes neues Jahr!	Um feliz ano novo! ung felisch anu nowu!
Viel Erfolg!	Boa sorte! boa ßorte!

Zahlen, Zeit und Wetter

Zahlen

0	zero sero	6	seis ßäisch	12	doze dose	18	dezoito disoitu	70	setenta ßetenta
1	um ung	7	sete ßéte	13	treze trese	20	vinte winte	80	oitenta oitenta
2	dois doisch	8	oito oitu	14	quatorze katorse	30	trinta trinta	90	noventa nuwenta
3	três trésch	9	nove nowe	15	quinze kinse	40	quarenta kurenta	100	cem ßäing
4	quatro kwatru	10	dez désch	16	desasseis disaßäisch	50	cinquenta ßinkwenta	400	quatrocentos kwatroßentusch
5	cinco ßinku	11	onze ongse	17	desasete disaßete	60	sessenta ßessenta	1000	mil mil
								10000	dez mil désch mil
								100000	cem mil ßém mil

Ab 20 zählt man fortlaufend, indem man an die Zehnerzahl die Einerzahl mit anhängt:

21	vinte e um wint i ung	54	cinquenta e quatro ßinkwenta i kwatru	201	duzentos e um dusentusch i ung
32	trinta e dois trinta i doisch	76	setenta e seis ßetenta i ßäisch	12567	mil quinhentos e sessenta e sete mil kinjentusch i ßessenta i ßete
43	quarenta e três kurenta i trésch	101	cento e um ßentu i ung		

1.	primeiro primäiru	10.	décimo déßimu	1/2	a metade a metade
2.	segundo ßegundu	11.	décimo primeiro déßimu primäiru	1/3	um terço ung terßu
3.	terceiro terßäiru	100.	centésimo ßentésimu	1/4	um quarto ung kwartu

Maße/Gewichte

1 Gramm
1 grama gramma

1 Kilogramm
1 quilograma kilogramma

1 Liter
1 litro litru

1 Millimeter
1 milimetro milÌmetru

1 Meter
1 metro métru

1 Kilometer
1 quilometro kilómetru

1 Paar
1 par par

1 Packung
1 pacote pakote

1 Pfund
meio quilo mäiu kilu

1 Stück
1 peça péßa

1 Teil
1 parte parte

1 Zentimeter
1 centimetro ßentÌmetru

Uhrzeit

Zeitverschiebung

In Portugal gilt die Westeuropäische Zeit, d.h. man muß die Uhr um 1 Stunde zurückstellen (auf Madeira und den Azoren sogar um 2 Stunden). Es gibt wie in Deutschland eine Sommerzeit und eine Winterzeit.

Uhr, Stunde   a hora   a ora   **Minute**   o minuto   u minutu

Man fragt folgendermaßen nach der Uhrzeit:
Wieviel Uhr ist es?   Que horas são?   ke órasch ßaung?
Wieviel Uhr haben Sie?   Tem horas?   täing órasch?
Wieviel Uhr hast du?   Tens horas?   täingsch órasch?

Die Antwort muß bei der vollen Stunde heißen:
Es ist 9.00 Uhr.   São nove horas.   ßaung nowe órasch.

Bei der 30. Minute setzt man **"e meia"** (= halb, Hälfte) dazu.
Es ist 10.30 Uhr.   São dez e meia.   ßaung desimäia.

In der zweiten Hälfte der Stunde (30. bis 60. Minute) wird erst die folgende volle Stunde genannt und dann die Minuten. die zur folgenden Stunde fehlen.
Den Minuten wird "menos" (= weniger) vorangestellt.
Es ist 4.40 Uhr.   São cinco (horas) menos vinte.   ßaung ßinku (órasch) menusch winte.

In der ersten Hälfte der Stunde werden die Minuten mit "e" (und) angehängt.
Es ist 10.05 Uhr   São dez (horas) e cinco.   ßaung désch (órasch) i ßinku.

Das Viertel (= um quarto) in der ersten Hälfte der Stunde wird wie bei den Minuten ebenfalls mit "e" (= und) angehängt.
Es ist 3.15 Uhr.   São três (horas) e um quarto. ßaung trésch (órasch) i ung kwartu.

Das Viertel (= um quarto) in der zweiten Hälfte der Stunde wird wie bei den Minuten ebenfalls der folgenden Stunde mit menos nachgestellt.

Es ist 2.45 Uhr.
São três (horas) menos um quarto.   ßaung trésch (órasch) menusch ung kwartu.

Um wieviel Uhr?   A que horas?   a ke órasch?

Um einen künftigen Zeitpunkt vom gegenwärtigen Zeitpunkt aus gerechnet auszudrücken, gebraucht man im Portugiesischem den Ausdruck daqui a (wörtlich: von hier aus in...).

In einer Stunde.	Daqui a hora. dakie a uma óra.
In einer halben Stunde.	Daqui a meia hora. daki a mäia óra.
Es ist zu spät/früh.	É tarde/cedo demais. ä tarde/ßedu demeisch.
Gegen 5.00 Uhr.	À volta das cinco (horas).
	a wolta dasch ßinku (órasch).
	Perto das cinco (horas). pertu dasch ßinku (órasch).
Zwischen 8 und 9 Uhr.	Entre as oito (horas) e nove (horas).
	èntre asch oitu (órasch) i nowe (órasch).
Gegen 8.30 Uhr.	À volta das oito (horas) e meia.
	a wolta dasch oitu (órasch) i mäia.
	Cerca das oito (horas) e meia.
	ßerka dasch oitu (órasch) i mäia.

Verschiedene Zeitangaben

am Tage/tagsüber/morgens	de dia/durante o dia/de manhã
	de dia/durante u dia/de manjang
nachmittags/abends	à tarde/à noite a tarde/a noite
(aber: 5 Uhr nachmittags)	cinco horas da tarde
	ßinku órasch da tarde
9 Uhr abends	nove horas da noite
	nowe óras da noite
vormittags/mittags	de manhã/ao meio dia
	de manjang/aung mäiu dia
täglich/heute/morgen	diariamente/hoje/amanhã
	diariamente/ósche/amanjáng
gestern/vorgestern	ontem/anteontem
	ontäing/anteontäing
nachts/um Mitternacht	à noite/à meia noite
	a noite/a mäia noite
übermorgen/am Wochenende	depois de amanhã/no fim-de-semana
	depoisch de amanjáng/nu fing-de-semana

Datum

Den Wievielten haben wir	Que dia temos hoje/amanhã?
heute/morgen?	ke dia témusch osche/amanjáng?
	Que dia é hoje/amanhã?
	ke dia ä osche/amanjáng?
Heute/Morgen ist der	Hoje/amanhã é o dia 12 de Dezembro.
12. Dezember.	osche/amanjáng ä u dia dose de desembru.
Ich komme am 5. dieses/nächsten	Venho no dia 5 deste/do próximo mês.
Monats.	wenju nu dia ßinku deste/du próßimu mésch.

Ich bleibe bis zum 10. März.　　　Fico até o dia 10 de Março.
　　　　　　　　　　　　　　　　　fiku até u dia désch de marßu.
Ich reise am 30. Juli ab.　　　　Parto no dia 30 de Julho.
　　　　　　　　　　　　　　　　　partu nu dia trinta de schulju.
Bochum, den 12.12.1987.　　　Bochum, (o dia) doze de Dezembro de 1987.
　　　　　　　　　　　　　　　　　boschum, (u dia) dose de desembru de mil
　　　　　　　　　　　　　　　　　noweßentusch i oitenta i ßete.

Wochentage

Montag	segunda-feira	ßegunda-fäira
Dienstag	terça-feira	terßa-fäira
Mittwoch	quarta-feira	kwarta-fäira
Donnerstag	quinta-feira	kinta-fäira
Freitag	sexta-fäira	ßäischta-fäira
Samstag	sábado	ßábadu
Sonntag	domingo	domingu

Monate

Januar	Janeiro		**Mai**	Maio		**September**	Setembro
	schanäiru			maiu			setembru
Februar	Fevreiro		**Juni**	Junho		**Oktober**	Outubro
	fewräiru			schunju			ôtubru
März	Março		**Juli**	Julho		**November**	Novembro
	marßu			schulju			nowémbro
April	Abril		**August**	Agosto		**Dezember**	Dezembro
	abril			agoschtu			desémbru

Jahreszeiten

Frühling	a primavera	a primawera
Sommer	o verão	u weraung
Herbst	o outono	u otonu
Winter	o inverno	u inwernu

Gesetzliche Feiertage in Portugal:

Neujahr (1. Januar)	Ano Novo (dia um de Janeiro)
	anu nowu (dia ung de schanäiru)
Faschingsdienstag	Terça-Feira de Carneval
	terßa-fäira de karnewal
Karfreitag	Sexta-Feira Santa Bäischta-fäira ßanta
Der 25. April (1974/Ende des Faschismus)	Dia de Liberdade (o 25 de Abril)
	dia de liberdade (u winte ßinku de abril)
1. Mai	Dia do Trabalhador (dia 1 de Maio)
	dia du trabaljador (dia ung de maiu)
Nationalfeiertag (10. Juni)	Dia de Portugal (dia 10 de Junho)
	dia de purtugal (dia désch de schunju)
Fronleichnam	Corpo de Deus kórpu de deusch
Mariä Himmelfahrt	Assunção de Nossa Senhora
	assungßaung de nossa ßenjora
Ausrufung der Republik (5. Oktober)	Proclamação da República (dia 5 de Outubro)
	proklamßaung da repúblika (dia ßinku de otubru)
Allerheiligen	Dia de Todos-os-Santos
	dia de todusch-usch-santusch
Tag der Wiederherstellung der Unabhängigkeit (von Spanien; 1640) (1. Dezember)	Restauração da Independência (dia 1 de Dezembro)
	reschtauraßaung da independênßia
	(dia ung de desêmbru)
Unbefleckte Empfängnis	Dia da Imaculada Conceição
	dia da imakulada konßäißaung
Weihnachten (25. Dezember)	Natal (dia 25 de Dezembro)
	dia vintißinku de desembru

Städtische Feiertage in den Distrikthaupstädten

Aveiro	12. Mai	Santarém	19. März
Beja	Christi Himmelfahrt	Setúbal	15. September
Braga	24. Juni	Viana de Castelo	20. August
Bragança	22. August	Vila Real	13. Juni
Castelo Branco	3. Sonntag nach Ostern	Viseu	21. September
Coimbra	4. Juli	Angra de Heroismo	24. Juni
Évora	29. Juni	Horta	24. Juni
Faro	7. September	Ponta Delgada	24. April
Guarda	26. November	Funchal	21. August
Leiria	22. Mai		
Lisboa	13. Juni	Autonome Regionen	
Potalegre	23. Mai	Azoren	5. Juni
Porto	24. Juni	Madeira	1. Juli

Wetter

Reisezeit/Klima

Dank seines milden Klimas ist das kontinentale Portugal ganzjährig ein ideales Reiseland. Besonders schön sind die Monate April bis Juni, wenn alles grünt und blüht. Allerdings kann das Wetter im April noch ziemlich wechselhaft sein. Die Badesaison beginnt an der Algarve bereits Anfang Mai, an der westlichen Atlantikküste Ende Mai und endet überall Mitte bis Ende September. Je weiter nördlich man kommt, desto rauher wird auch die See, was zwar für Badegäste nicht so angenehm ist, aber für Windsurfer ideale Bedingungen bietet.

Verallgemeinernd kann gesagt werden, daß der Norden Atlantikklima mit reichlichen Niederschlägen im Herbst und Winter, milden Wintern und kühlen Sommern in den Küstenregionen aufweist. Das nördliche Landesinnere zeichnet sich durch größere Temperaturschwankungen und geringe Niederschläge aus, mit heißen Sommern und kalten Wintern, in denen sogar Schnee fallen kann. Dort findet sich auch Portugals einziges Wintersportgebiet, die Serra da Estrela.

Im Süden fallen nur geringe Niederschläge, aber die Temperaturunterschiede zwischen Sommer und Winter sind nicht so kraß (heiße Sommer und milde Winter). Dazu tragen auch die heißen und trockenen Winde aus Nordafrika bei, die sich besonders an der Algarve bemerkbar machen.

Madeira:

Das Klima Madeiras wird durch seine Lage im Atlantik und durch sein gebirgiges Inneres bestimmt. Gegenüber dem kühleren und niederschlagsreichen Landesinneren weisen die Küstenregionen mit milderen Temperaturen und geringeren Niederschlägen ein mediterranes Klima auf.

Azoren:

Auf den Azoren stellt der Atlantik den großen Klimaregulator dar. Das hat über das ganze Jahr geringe Temperaturschwankungen zur Folge. Westwinde bestimmen das Klima und bewirken reichliche Niederschläge das ganze Jahr über, die lediglich im Sommer etwas nachlassen.

Wetter

Wie wird das Wetter heute/ morgen?
Como vai ser o tempo hoje/ amanhã?
komu wei ßer u tempu ósche/ amanjang?

Es bleibt schön/schlecht/...
Continua bom/mal/... kontinua bong/mal/...

Es wird warm/kalt/...
Vai haver calor/frio/... wei awer kalor/friu/...

Es wird wärmer/kälter/...
Vai aquecer/arrefecer/... wei akecer/arrefeßer/...

Es wird regnen/schneien/...
Vai chover/nevar/... wei schower/newar/...

Aus welcher Richtung kommt der Wind?
De que direcção sopre o vento?
de ke direßaung ßopre u wentu?

Der Wind kommt aus Norden/ Osten/ Süden/Westen.
O vento sopra do Norte/do Leste/do Sul/do Oeste.
u wentu sopra du norte/du leschte/du ßul/du oeschte.

Es sieht nach Sturm/... aus.
Parece que vai haver uma tempestade/...
pareße que wai awer uma tempeschtade/...

Wieviel Grad haben wir?
Quantos graus são? kwantusch grausch ßaung?

Wir haben 18 Grad unter/über Null.
São 18 graus abaixo/acima de zero.
ßaung disoitu grausch abaischu /aßima de sero.

Mittlere Temperaturen für verschiedene Regionen:

Gebirge (Bragança)
	Jan.	Feb.	März	Apr.	Mai	Juni	Juli	Aug.	Sept.	Okt.	Nov.	Dez.
Luft	7,6	10,5	12,7	11,8	18,5	23,9	27,6	28,1	23,5	17,5	11,9	8,0
Wasser	—	—	—	—	—	—	—	—	—	—	—	—

Hochebenen (Beja)
	Jan.	Feb.	März	Apr.	Mai	Juni	Juli	Aug.	Sept.	Okt.	Nov.	Dez.
Luft	13,1	14,8	17,2	20,2	23,2	28,3	32,0	31,9	28,4	23,0	17,4	13,7
Wasser	—	—	—	—	—	—	—	—	—	—	—	—

Costa Verde (Porto)
	Jan.	Feb.	März	Apr.	Mai	Juni	Juli	Aug.	Sept.	Okt.	Nov.	Dez.
Luft	13,2	14,2	16,3	18,4	19,6	22,6	24,7	25,0	23,7	20,8	16,7	13,7
Wasser	14	13	13	14	15	16	17	18	18	17	15	14

Costa da Prata (Figueira da Foz)
	Jan.	Feb.	März	Apr.	Mai	Juni	Juli	Aug.	Sept.	Okt.	Nov.	Dez.
Luft	14,0	15,7	18,2	20,9	22,5	26,1	28,9	29,3	27,7	23,0	17,8	14,4
Wasser	14	14	14	15	15	17	18	19	19	18	16	14

Lissabon, Costa Azul, Costa de Estoril (Lissabon)
	Jan.	Feb.	März	Apr.	Mai	Juni	Juli	Aug.	Sept.	Okt.	Nov.	Dez.
Luft	13,9	15,2	17,3	19,6	21,4	24,8	27,4	27,7	25,9	22,3	17,2	14,5
Wasser	14	14	14	15	16	17	18	19	19	18	16	15

Algarve (Faro)
	Jan.	Feb.	März	Apr.	Mai	Juni	Juli	Aug.	Sept.	Okt.	Nov.	Dez.
Luft	15,3	16,1	17,5	19,7	21,9	25,2	28,2	28,2	25,7	22,4	18,9	19,6
Wasser	15	15	15	16	17	18	19	20	20	19	17	16

Madeira (Funchal)
	Jan.	Feb.	März	Apr.	Mai	Juni	Juli	Aug.	Sept.	Okt.	Nov.	Dez.
Luft	18,6	18,5	18,8	19,6	20,4	22,1	23,6	24,6	24,7	23,6	21,6	19,6
Wasser	18	17	17	17	18	20	21	22	23	22	20	19

Azoren (Ponta Delgada)
	Jan.	Feb.	März	Apr.	Mai	Juni	Juli	Aug.	Sept.	Okt.	Nov.	Dez.
Luft	17,2	17,1	17,4	18,3	19,9	22,4	24,7	25,9	24,8	22,4	19,8	18,2
Wasser	—	—	—	—	—	—	—	—	—	—	—	—

Wortliste Wetter

bedeckt
coberto kobertu
bewölkt
nubelado nubeladu
Blitz
o raio u raiu
Donner
o trovão u trawaung
feucht
húmido úmidu
Frost
a geada a scheada
Gewitter
a trovoada a trowoada
Glatteis
o gelo o schélu
Grad
o grau
Hagel
o granizo u granisu
hageln
estar a cair granizo
ischtár a kair granisu
Hitze
o calor u kalor

kalt
frio friu
klar
claro klaru
Klima
o clima u klima
kühl
fresco fréschku
Luft o ar u ar
Mond
a lua
Nebel
o nevoeiro
o newoäiru
Regen
a chuva
a schuwa
regnen
chover schuwer
Schnee
a neve a néwe
schneien
nevar newar
schwül
abafado abafadu

Sonne
o sol u ßol
Stern
a estrela
a ischtrela
Sturm
a tempestade
a tempeschtade
Temperatur
a temperatura
trocken
seco seku
warm
quente kente
Wetter
o tempo
u tempu
Wetterbericht
o boletim meteorologico
u buleting meteorolóschiku
Wind
o vento
u wentu
Wolke
a nuvem a nuwäing

Reisen

Aufenthalt im Ausland

Was machen Sie hier?	O que está a fazer aqui?
	u ke ischtá a faser akie?
Ich verbringe hier meinen Urlaub.	Estou a passar as minhas férias.
	ischtó a passar asch minjasch fëriasch.
Ich bin auf Geschäftsreise.	Estou numa viagem de negócios.
	ischtó numa wiaschäing de negoßiusch.
Wie gefällt es Ihnen hier?	Gosta de estar aqui? góschta de ischtar akie?
Es gefällt mir hier sehr gut.	Gosto muito de estar aqui.
	goschtu muitu de ischtar akie.
Sind Sie alleine hier?	Está cá sozinho/-a? ischtá ka ßosinju/-a?
Ja, ich bin allein hier.	Sim, estou cá sozinho/-a.
	sing, ischtó ka ßosinhu/-a.
Nein, ich bin mit mein-er/-em Frau/Mann hier.	Não, estou cá com a minha mulher/a minha esposa / o meu marido/esposo.
	naung, istó ka cong a minja muljér/a minja ischposa/ u meu maridu/u meu ischposu.
Seit wann sind Sie hier?	Desde quando está cá? deschde kwandu ischtá ca?
Ich bin seit 2 Tagen/Wochen hier.	Estou cá há dois dias / duas semanas.
	ischtó ka a doisch diasch/ duasch semanasch.
Wie lange sind Sie noch hier?	Quanto tempo ainda vai ficar cá?
	kwantu tempu ainda wai fikar ka?
Ich bleibe noch bis zum ...	Ainda fico até o dia... ainda fiku até u dia...

Wortliste Aufenthalt im Ausland

Adresse a morada
Aufenthalt a estadia a ischtadia
Ausflug a excursão a äischkurßaung
ausfüllen preencher preenscher
Ausländer o estrangeiro o istranschäiru a estrangeira a istranschäira
Ausweis (allgemein) a identificação a identifikaßaung
(Personalausweis) o bilhete de identidade u biljete de identidade
(Paß) o passaporte
besuchen visitar wisitar

Ferien as férias asch fériasch
Formular o formulário u formuláriu
Fremdenführer o guia turístico u gia turíschtiku
Fremdenverkehrsbüro o posto de turismo u póschtu de turischmu
Geschäftsreise a viagem de negocios a wiaschäing de negoßiusch
Informationsschalter o guichet de informações u gisché de informaßöisch
Öffnungszeiten horário de funcionamento órariu de funßionamentu

Reise a viagem a wiaschäing
reisen viajar wiaschar
Reiseführer o guia turístico u gia turíschtiku
Sehenswürdigkeiten monumentos monumentusch
Tourist o turista u turischta
Unterlagen documentos dokumentusch
unterschreiben assinar
Unterschrift assinatura
Urlaub as férias asch fériasch
Urlaubsort o local de férias u lokal de fériasch
verbringen passar
zuständig responsável reschponßáwel

Mit dem Auto

In den letzten Jahren wurde das Straßennetz entschieden verbessert. Neben den neugebauten Autobahnen, für die eine Nutzungsgebühr gezahlt werden muß, gibt es passable Nationalstraßen, die oft landschaftlich reizvoller sind als die Autobahnen. Interessanterweise folgt das Straßennetz Portugals noch ziemlich exakt dem alten römischen Straßennetz.

Zwar stimmen die portugiesischen Verkehrsregeln mit denen der europäischen Gemeinschaft überein und wurden die Kontrollen der Polizei verstärkt sowie die Bußgelder drastisch erhöht, aber dennoch richten sich die Portugiesen bei ihrem Fahrstil mehr nach ihrem „Gefühl" als nach den Vorschriften. Das gilt ebenfalls für die Einhaltung der Promillegrenze, die bei 0,8 Promille liegt. Bei einem Unfall empfiehlt es sich, die Polizei hinzuzuziehen und sich notfalls auf die deutsche Sprache zu beschränken. Ein Problem für den Touristen stellt eine oft schlechte Beschilderung dar. Aber man kann sich darauf verlassen , daß hilfsbereite Einheimische keine Mühe scheuen, um Sie auf den richtigen Weg zu bringen.

Fragen nach dem Weg

Welches ist der beste/kürzeste Weg nach Coimbra/...?	Qual é o caminho melhor / mais curto para Coimbra/...? kwal é u kaminju meljor/ maisch kurtu para koimbra/...?
Zeigen Sie mir bitte den Weg/die Straße auf der Karte.	Pode-me mostrar o caminho/a estrada no mapa, por favor? pode-me moschtrar u kaminju/a ischtrada nu mapa, pur fawor?
Wie komme ich nach/zum/zur/...?	Como vou para ...? komu wo para ...?
In welche Richtung muß ich fahren?	Em que direcção tenho que ir? äing ke dirëßaung tenju ke ir?
Wieviel Kilometer sind es bis Coimbra/...?	Quantos quilómetros faltam até Coimbra/...? kwantusch kilômetrusch faltang até koimbra/...?
Ist das die Straße nach Coimbra/...?	A estrada para Coimbra/... é esta? a ischtrada par a koiämbra/... ä eschta?

Richtungen und Ortsangaben

links à esquerda a ischkerda
rechts à direita a diräita
nach links para a esquerda
para a ischkerda
nach rechts
para a direita para a diräita
geradeaus
sempre em frente
ßempre äing frente
Norden o Norte
Süden o Sul u ßul
Osten o Leste u leschte
Westen o Oeste u oeschte
vor em frente äing frente

hinter atrás atrásch
über
em cima de äing ßima de
unter
debaixo de debaischu de
neben ao lado de
gegenüber
em frente de äing frente de
mitten in
no meio de nu mäiu de
am Ende
no/ao fim de nu/au fing de
zwischen entre
weit longe de lonsche de

nah
perto de pertu de
hinter der Ampel
atrás dos semaforos
atrásch dusch semáforusch
an der nächsten Kreuzung
no próximo cruzamento
nu próßimu krusamentu
die erste Straße rechts
a primeira rua à direita
a primäira rua a diräita
die zweite Straße links
a segunda rua à esquerda
a ßegunda rua a ischkerda

Schilder/Aufschriften

In Portugal sind die internationalen Schilder üblich. Blaue Schilder dienen der Information. Auf archäologische oder historische Stätten, Unterkünfte, Krankenhäuser und Tankstellen wird durch spezielle Schilder auf weißem Grund hingewiesen.

Senhoras ßenjorasch Damen	**velocidade máxima** weloßidade mäßima Höchstgeschwindigkeit	**Senhores/ cavalheiros** senjoresch/ kawaljärusch Herren

aberto abertu Frei	**aberto** abertu Geöffnet

Auf Straßenschäden wird mit den in Deutschland üblichen Warnschildern hingewiesen.

puxar puschar Ziehen	**saída** ßaída Ausfahrt	**informações** informaßeungsch Auskunft

passagem de nível passaschäing de niwel Bahnübergang	**atenção!** atenßaung Achtung	**paragem** paraschäing Haltestelle	**STOP** STOP

Portuguese	Pronunciation	German
paragem proibida	paraschäing proíbida	Halteverbot
homens/cavalheiros	ómäingsch/kawaljäirusch	Männer
desvio	deschwiu	Umleitung
entrar		Eintreten
entrada		Einfahrt
caixa	kaischa	Kasse
hospital	óschpital	Krankenhaus
fronteira	frontäira	Grenze
obras	obrasch	Baustelle
água não potável	ágwa naung potáwel	Kein Trinkwasser
água potável	ágwa potáwel	Trinkwasser
estação (de caminhos de ferro)	ischtaßaung (de kaminjusch de ferru)	Bahnhof
pressionar	pressjonar	Drücken
fechado	fäischádu	Geschlossen
Senhoras	senjorasch	Frauen, Damen
posto de polícia	póschtu de políßia	Gendarmerie
pousada /zona de descanço	posada/sona de deschkanßu	Rastplatz
parque de automóveis	parke de automówäisch	Parkhaus
quente	kente	Heiß
acidente	aßidente	Unfall
aluga-se	aluga-ße	Zu vermieten
porto	pórtu	Hafen
restaurante	rischtaurante	Restaurant
ocupado	okupadu	Besetzt
praia privada	preia priwada	Privatstrand
quarto	kwartu	Zimmer
privado	priwadu	Privat
perigo de vida	perigu de wida	Lebensgefahr
parque nacional	parke naßional	Nationalpark
proibido de estacionar	proibidu de ischaßionar	Parken verboten
linha	linja	Bahnsteig
parque de estacionamento	parke de ischtaßionamentu	Parkplatz

| **polícia** polißia Polizei | **correio** kurräiu Post | **frio** friu Kalt | **perigo** perigu Gefahr |

| **Centro da cidade** ßentru da ßidade Stadtzentrum | **saída de emergéncia** ßaída de emerschénßia Notausgang | **posto de turismo** poschtu de turischmu Fremdenverkehrsbüro |

| **telefone** telefóne Telefon | **caixa** kaischa Kasse | **zona proibida** sona proibida Sperrgebiet | **obras** obrasch Straßenarbeiten |

Tankstelle

Das Tankstellennetz in Portugal ist ausreichend. Die Preise für Benzin, Super und Diesel liegen über den deutschen Preisen. Bleifreien Kraftstoff (sem chumbo) findet man mittlerweile immer häufiger. An den meisten Tankstellen wird der Tank, im Gegensatz zu Deutschland, vom Tankwart gefüllt, der auch (bei wenig Betrieb) den Reifendruck, das Kühlwasser und das Öl Ihres Wagens überprüft. Für diesen Service wird ein Trinkgeld erwartet. An den meisten Tankstellen muß bar gezahlt werden.

Wo ist die nächste Tankstelle?	Onde está a estação de serviço/a bomba de gasolina mais próxima? onde ischtá a ischtaßaung de ßerwißo/a bomba de gasolina maisch próßima?
Volltanken bitte.	Encha o depósito, faz favor. enscha u depósitu, fasch fawor.
Für ... Escudos bitte.	... escudos, por favor. ... ischkudusch, pur fawor.
Ich möchte ... Liter Normalbenzin/ Super/bleifrei/...	Meta ... litros de gasolina/ super/sem chumbo/..., faz favor. méta ... litrusch de gasolina/ßuper/ ßäing schumbu/..., fasch fawor.
Machen Sie bitte einen Ölwechsel.	Faça o favor de mudar o óleo. faßa u fawor de mudar u óleu.
Ich brauche Kühlwasser/...	Preciso de água para o radiador/... preßisu de água para u radiador/...
Prüfen Sie bitte den Ölstand/... nach.	Verifique o nível de óleo/..., por favor. werifike u niwel de óleu/..., pur fawor.
Bitte waschen Sie den Wagen.	Faça o favor de lavar o carro. faßa u fawor de lawar u karru.
Wo sind die Toiletten?	Onde estão os sanitários? onde ischtaung usch sanitáriusch?

Reifenservice

Ich möchte Reifen für dieses Auto/... kaufen.	Queria comprar pneus para este carro/... keria komprar pnéusch para eschte karru/...
Was kostet dieser Reifen mit Montage?	Qual é o preço deste pneu, montagem incluída? kwal é u preßu deschte pnéu, montaschäing inkluída?
Prüfen Sie bitte den Reifendruck.	Verifique a pressão dos pneus, por favor. werifike a pressaung dusch pnéusch, pur fawor.

Panne

Ich habe eine Motorpanne/ Reifenpanne.	Tenho uma avaria do motor/um furo do pneu. tenju uma avaria du motor/ung furu du pnéu.
Können Sie mich zur nächsten Werkstatt bringen/abschleppen?	Pode-me levar/rebocar para a próxima oficina? pode-me lewar/rebokar para a próßima oißina?
Schicken Sie mir bitte einen Abschleppwagen/ Mechaniker.	Mande-me um mecânico/um carro-grua/reboque, se faz favor. mande-me ung mecániku/ung karru-grua/ rebock, ße fasch fawor.
Ich habe einen roten BMW/...	Tenho um BMW vermelho/... tenju ung bmw wermelju/...
Das Kennzeichen meines Autos ist ...	O número da mátricula do meu carro é... u númeru de mátrikula du meu karru ä...
Mein Auto steht in ...	O meu carro está em... u meu karru ischtá äing...

Verkehrsunfall

Es ist ein Unfall passiert.	Houve um acidente owe ung aßidente.
Ich brauche Verbandszeug/...	Preciso de ligaduras/... preßisu de ligaduras/...
Rufen Sie bitte einen Krankenwagen/ die Feuerwehr/Polizei/...	Chame a ambulância/os bombeiros/a polícia/..., por favor. schame a ambulánßia/usch bombäirusch/a polícia/..., pur fawor.
Wir müssen das der Polizei melden.	Temos de comunicar isto à polícia. temusch de comunikar ischtu á policia.
Es war Ihre Schuld.	A culpa foi sua. a kulpa foi ßua.
Es war meine Schuld.	A culpa foi minha. a kulpa foi minja.
Bitte geben Sie mir Ihren Namen und Ihre Anschrift.	Faça o favor de me dar o seu nome e a sua morada. faßa u fawor de me dar u seu nóme e a ßua morada.
Bitte geben Sie mir Namen und Anschrift Ihrer Versicherung.	Faça o favor de me dar o nome e a morada do seu seguro. faßa u fawor de me dar u nóme e a morada do ßeu ßeguro.
Wie hoch schätzen Sie den Schaden ein?	Em quanto avalia o dano? äing kwantu awalia u danu?

Ich möchte den Schaden selbst regulieren.	Quero ser eu a regular o sinistro.
	keru ßer eu a regular u sinischtru.
Sollen wir die Polizei holen oder das unter uns regeln?	Quer chamar a polícia ou quer regular o sinistro entre nós? ker schamar a políßia o ker regular u sinischtru entre nusch?
Mein Auto ist bei der Versicherungsgesellschaft ... vollkasko-/teilkaskoversichert.	O meu carro está segurado na compania de seguros contra todos os riscos/determinados riscos. u meu karru ischtá ßeguradu na kompania de ßegurusch kontra todusch usch rischkusch/determinadusch rischkusch.
Ich möchte den Schaden durch meine Versicherung regulieren lassen.	Quero que o meu seguro regule o sinistro. keru ke u meu ßeguru regulé u sinischtru.

Reparaturwerkstatt

Wo ist die nächste Reparaturwerkstatt?	Onde está a oficina mais próxima? onde ischtá a ofißina meisch próßima?
Wo ist die Spezialwerkstatt für VW/...?	Onde há uma oficina convencionada da VW/...? onde a uma ofißina konwenßionada da vw/...?
Prüfen Sie bitte die Bremsen/...	Faça o favor de controlar os travões/... faßa u fawor de kontolar usch traweungsch/...
Der Motor klopft/läuft heiß/setzt aus/...	O motor detona/aquece/ para/... o motor detóna/ akeße/ para/...
Wechseln Sie bitte die Kerzen/... aus.	Faça o favor de mudar as velas/... faßa u fawor de mudar asch welasch/...
Haben Sie Ersatzteile für ...?	Tem peças sobressalentes originais para...? täing peßasch sobreßalentesch orischinaisch para...?
Wieviel wird die Reparatur ungefähr kosten?	Quanto vai custar a reparação mais ou menos? kwantu wai kuschtar a reparaßaung maisch o menusch?
Wie lange wird die Reparatur dauern?	Quanto tempo vai levar a reparação? kwantu tempu wai lewar a reparaßaung ?

Vermietung (Auto, Motorrad, Fahrrad)

In den meisten portugiesischen Städten gibt es Mietwagenfirmen, die zu ähnlichen Bedingungen arbeiten wie die deutschen Firmen. Vorzulegen sind ein Personalausweis oder ein Reisepaß sowie ein gültiger Führerschein. Empfehlenswert sind die grüne Versicherungskarte und der Abschluß einer Vollkaskoversicherung. An Personen unter 21 Jahren dürfen keine Wagen vermietet werden.

Wo ist die nächste/... Autovermietung?
Onde está a agência de aluguer de automoveis mais próxima/...? onde ischtá a aschénßia de alugér de automöwäisch maisch próßima/...?

Ich möchte ein/-en Auto/Motorrad/ Moped/Geländewagen/Fahrrad für ... Tag/-e mieten.
Queria alugar um automóvel/um motociclo/ uma motocicleta/um carro todo-terreno/ uma bicicleta para ... dia/-s. keria alugar ung automówel/ ung mótoßiklu/uma mótoßikleta/ung karru todu terrenu/uma bißikleta para ...dia/-sch.

Welche Autotypen haben Sie zu vermieten?
Que tipos de carro aluga?
ke tipusch de karrusch aluga?

Darf ich Ihren Führerschein sehen?
Posso ver a sua carta de condução?
possu wer a ßua karta de kondußaung?

Ich miete den Renault/...
Vou alugar o Renault /... wo alugar u renó/...

Kann ich das Fahrzeug sofort/ morgen bekommen?
Posso levar o carro logo/amanhã ?
possu lewar u karru lógu/amanjang?

Wie hoch ist die Tagespauschale?
Quanto é o preço total por dia?
kwantu ä u preßu total pur dia?

Was kostet der gefahrene Kilometer?
Qual é o preço por quilómetro?
kwal ä u preßu pur kilómetru?

Kann ich das Fahrzeug in Ihrer Zweigstelle in Coimbra/... abgeben?
Posso entregar o carro na sua sucursal em Coimbra/...?
possu entregar u karru na ßua ßukurßal äing koimbra/...?

Ist das Fahrzeug vollkaskoversichert?
O carro está segurado contra todos os riscos?
u karru ischtá seguradu kontra todusch usch rischkusch?

Ich möchte den Mietvertrag verlängern.
Quero prolongar o contrato de aluguer.
keru prolongar u kontratu de alugér.

Wortliste Auto

abbiegen virar a wirar a
Abblendlicht
luz reduzida lu:sch redusida
abschleppen
rebocar rebokar
Abschleppdienst
serviço de reboque
ßerwißu de rebock

Abschleppseil
cabo de reboque
kabu de rebock
Anlasser motor de arranque
motor de anrrank
Antenne antena
Auspuff
o escape u eschkape

Auto
o automóvel u automówel
Autobahn
a autoestrada
a autoischtrada
Autonummer
o número da matricula
u númeru da matricula

37

Autopapiere
os documentos do automóvel
usch dokumentusch du automówel
Autoreifen
o pneu do automóvel
u pnéu du automówel
Autowäsche
a lavagem do automóvel
a lawaschäing du automówel
Batterie a bateria
Benzin a gasolina
bleifreies Benzin
gasolina sem chumbo
gasolina ßäing schumbu
Benzingutschein
o vale de gasolina
u wale de gasolina
Benzinkanister
o bidão de gasolina
u bidaung de gasolina
Blinker o sinal de mudança
de direcção u ßinal de
mudanßa de direßaung
Bremse o travão u trawaung
Bremsbelag o forro do
travão u forru du trawaung,
os calços usch kalßusch
bremsen travar
Bremsflüssigkeit
o óleo do sistema do travão
hidráulicu u óleu du ßistema
du trawaung idrauliku
Bremslicht
as luzes do travão
asch lusesch du trawaung
defekt
com defeito kong defäitu
Dichtung
a junta a schunta,
o empanque u empanke
Diesel Diesel
Ersatzteil
peça sobressalente
peßa sobressalente
fahren
conduzir kondusir;
(lenken) guiar giar
Felge a jante a schante
Fernlicht
os máximos usch máßimusch

Frostschutzmittel
o antifreeze u antifri:s
Führerschein
a carta de condução
a karta da kondußaung
Fußbremse o travão de pé
u trawaung de pé
Gang
a mudança a mudanßa
Getriebe
a caixa de velocidades
a kaischa de weloßidadesch
Getriebeöl
o óleo da caixa de velocidades
u óleu da kaischa de
weloßidadesch
Glühbirne a lampada
Heizung
o aquecimento u akeßimentu
Hupe a buzina a busina
Inspektion
a inspecção a inschpeßaung
Kabel o cabo u kabu
Katalysator
o catalisador u katalisador
Keilriemen
a correia de transmissão
a korräia de tanschmissaung
Kennzeichen
mátricula mátrikula
Kfz-Schein
o livrete do veículo
u liwrete du veíkulu
Kilometer
quilometro kilómetru
Kindersitz
assento de criança
assentu de krianßa
Klimaanlage
ar condicionado
ar kondißionadu
Kofferraum
bagageira bagschäira
Kotflügel
pára lamas pára lámasch
Krankenwagen
ambulancia ambulanßia
Kühler o radiador
Kühlwasser
a água para o radiador
a ágwa para u radiador

Kupplung a embraiagem
a embraiaschäing
Lenkrad o volante u wolante
Lichtmaschine
o dínamo u dínamu
Luftfilter
o filtro de ar u filtru de ar
Luftpumpe
a bomba do ar a bomba du ar
Maut
a portagem a portaschäing
Mechaniker
o mecánico u mekániku
Motor o motor u motor
Motoröl o óleo de motor
u óleu de motor
Motorrad a mota a móta
Motorschaden
a avaria do motor
a awaria du motor
Nummernschild
a placa da mátricula
a plaka da mátrikula
Ölwechsel
a mudança de óleo
a mudanßa de óleo
Panne a avaria a awaria
Polizei a polícia a políßia
Rad a bicicleta a bißikleta
Raststätte
a pousada a posada
regulieren regular,
(Schaden) regular o sinistro
regular u ßinischtru
(Gerät) afinar
Reifen o pneu u pnéu
Reifendruck
a pressão dos pneus
a pressaung dusch pné'usch
Reifenservice
serviço de pneus
serwißo de pné'usch
Reparatur
a reparação a reparaßaung
Reparaturwerkstatt
a garagem a garaschäing,
a oficina a ofißi:na
reparieren reparar
Reservekanister
o bidão de reserva
u bidaung de reserwa

38

Reserverad
a roda sobressalente
a roda ßobreßalente
Rücklicht
as luzes traseiras
asch lúsesch trasäirasch
Schaden o dano u danu
Scheibenwischer
o limpa-para-brisas
u limpa-para-brisasch
Scheinwerfer
o farol u farol,
os faróis usch faroisch
Schlauch (Auto)
a câmara de ar a kámara de ar;
(Garten)
a mangueira a mangäira
Schneekette
cadeia antiderrapante
a kadäia antiderrapante
Sicherheitsgurt
o cinto de segurança
u ßintu de ßeguranßa
Sicherung
o fusível u fusíwel
Spiegel (Auto)
o retrovisor u retrowisór,
o espelho u ischpélju
Standlicht
os mínimos usch mínimusch
Stoßdämpfer o amortecedor
u amorteßedor

Stoßstange
o pára-choques
u pára-schocksch
Straße a rua
Tachometer
o taquímetro u takímetru
tanken meter gasolina
Tankstelle
a estação de serviço
u ischtaßaung de serwißu
a bomba de gasolina
Teilkasko
o seguro parcial
u ßeguru parßial
Thermostat
o termóstato
u termóschtatu
Überbrückungskabel
o cabo de ponte
u kabu de ponte
Unfall
o acidente u aßidente
Unfallprotokoll
o protocolo do acidente
u protokolu du aßidente
Verbandszeug
ligaduras e pensos
ligadurasch i penßusch
Vergaser
o carburador u karburador
Verkehr
o transito u transitu

Verletzte/-r
a ferida a ferida,
o ferido u feridu
Versicherung
o seguro u ßeguru
Versicherungskarte
o cartão do seguro
u kartaung du ßeguru
Versicherungspapiere
os documentos do seguro
usch dokumentusch du ßeguru
Vollkasko
o seguro contra todos os riscos
u ßeguru contra todusch usch
rischkusch
Wagenheber
o macaco u makaku
Warndreieck
o triângulo u triángulu
Werkstatt
a oficina a ofißína,
a garagem a garaschäing
Windschutzscheibe
o pára-brisas
u pára-brisasch
Winterreifen
os pneus de inverno
usch pné'usch de inwernu
Zündkerzen
as velas asch welasch
Zündung
a ignição   a ignißaung

Garage und Parkplatz

Wo ist die/der nächste Garage/Parkplatz?

Onde está a garagem/o parque de estacionamento mais próxima/-o? onde ischtá a garaschäing/u parke de ischtaßionamentu maisch próßima/-o?

Kann ich hier parken/das Auto unterstellen?

Posso estacionar o carro aqui?
possu ischtaßionar u karru akie?

Haben Sie eine/-n Garage/Parkplatz frei?

Tem uma garagem /um lugar de estacionamento livre? täing uma garaschäing/um lugar de ischtaßionamentu liwre?

Was kostet es für eine/-n Stunde/Nacht/Woche/Tag/...?

Quanto custa uma hora/uma noite/uma semana/um dia/...? kwantu kuschta uma óra/uma noite/uma ßemana/ um dia/...?

Ist die Garage/der Parkplatz bewacht?

A garagem/o parque de estacionamento está vigiado/-a? a garaschäing /u parke de ischtaßionamentu ischtá wischiadu/-a?

Wortliste Garage/Parkplatz

Ausfahrt saida ßaida
besetzt ocupado okupadu
bewacht
vigiado/-a wischiadu
Einfahrt a entrada
frei livre liwre
Garage
a garagem a garaschäing
Halten verboten
paragem proibida
paraschäing proibída

parken
estacionar ischtaßionar
Parkgebühr
a taxa de estacionamento
a tascha de ischtaßionamentu
Parkhaus o edifício para estacionamento
u edifißiu para ischtaßionamentu
Parkplatz
o parque de estacionamento
u parke de ischtaßionamentu

Parkschein
talão de estacionamento
u talaung de ischtaßionamentu
Parkuhr
parquímetro u parkímetru
Parkwächter
guarda de automóveis
u guarda de automówäisch
Parken verboten
estacionamento proibído
ischtaßionamentu proibídu
unterstellen guardar

Mit der Bahn

i Das Bahnnetz der portugiesischen Bahn ist ebenso wie das Straßennetz besonders in den Küstengebieten gut, im Landesinneren dagegen nur wenig ausgebaut. Auf Madeira und den Azoren verkehren keine Züge. Das Angebot der „Caminhos de Ferro Portugueses" ist in etwa mit den deutschen Zügen vergleichbar. Im Umkreis der großen Städte werden Nahverkehrszüge eingesetzt, mit denen man gut und preiswert auch ohne Auto die Umgebung erkunden kann. Zwischen Lissabon, Coimbra und Porto verkehren Expreßzüge (Alfa) und regionale Schnellzüge (Intercidades e Interregio). Alle Züge, außer den Nahverkehrszügen, verfügen über eine 1. und 2. Klasse. Für Touristen gibt es besondere Tickets, gültig für 7, 14 oder 21 Tage. An „blauen" Tagen gibt es verbilligte Rückfahrscheine für Strecken über 100 km. Für Fahrgäste ab 65 gibt es eine goldene Karte mit speziellen Tarifen. Bei größeren Reisen empfiehlt sich eine Reservierung.

Wann fährt der nächste Zug nach Coimbra/...?	Quando parte o próximo comboio para Coimbra/...?
	kwandu parte u próßimu komboiu para koimbra/...?
Wann habe ich Anschluß nach Braga/...?	Quando tenho ligação para Braga/...?
	kwandu tenju ligaßaung para braga/...?
Hat der Zug aus Coimbra/... Verspätung?	O Comboio de Coimbra/... tem atraso?
	u komboiu de koimbra/... täing atrasu?
Von welchem Bahnsteig fährt der Zug nach Faro/...?	De que linha parte o comboio para Faro/...?
	de ke linja parte u komboiu para faru/...?

Wieviel kostet eine Fahrkarte nach Coimbra/... 2. Klasse/1. Klasse?	Quanto custa um bilhete da segunda/primeira (classe) para Coimbra/...? kwantu kuschta ung biljete da ßegunda/primäira /(klasse) para koimbra/...?
Gibt es Ermäßigung für Kinder/ Studenten/...?	Há uma redução de preço para crianças / estudantes/...? a uma redußaung de preßu para krianßasch/ ischtudantesch/...?
Bitte einmal 2. Klasse/1. Klasse einfache Fahrt nach Coimbra/...	Um bilhete da segunda/primeira para Coimbra/... só de ida/simples. ung biljete da ßegunda/primäira para koimbra/... ßó de ida/ ßimplesch.
Bitte einmal ... Klasse hin und zurück nach Coimbra/...	Um bilhete da ... ida e volta, para Coimbra/..., faz favor. ung biljete de ... ida i wolta, para koimbra/..., fasch fawor.
Ich möchte ein/-en Raucherabteil/ Nichtraucherabteil/ Fensterplatz.	Queria um compartimento para fumadores/ não-fumadores/um lugar junto da janela. keria ung kompartimentu para fumadoresch/ naung-fumadoresch/ung lugar schuntu da schanela.
Ich möchte eine Platzreservierung für den Zug um 20.00/... Uhr nach Coimbra/...	Quero reservar um lugar para o comboio para Coimbra/... às 20/... horas. keru reserwar ung lugar para u komboiu para koimbra/... äsch winte/... órasch.
Wie lange ist diese Fahrkarte gültig?	Até quando este bilhete é valido? até kwandu eschte biljete é wálidu?

Im Zug

Verzeihung, ist dieser Platz noch frei?	Desculpe, este lugar ainda está livre? deschkulpe, eschte lugar ainda ischtá liwre?
Das ist mein Platz.	Este é o meu lugar. eschte ä u meu lugar.
Darf ich das Fenster öffnen/schließen?	Posso abrir/fechar a janela? possu abrir/feschar a schanela?
Wo ist der Speisewagen?	Onde é o vagão-restaurante? onde ä u vagaung-rischtaurante?

sala de espera sala de ischpera Wartesaal	**para mãe e filho** para maing i fielju Für Mutter und Kind	**informações** informaßeungsch Auskunft	**livre** liwre Frei
depósito para bagagens depósitu para bagaschäingsch Gepäckaufbewahrung	**saída de emergência** ßaida de emerschênßia Notausgang	**ocupado** okupadu Besetzt	

travão de emergência trawaung de emerschénßia Notbremse	**carruagem couchettes** karruaschäing cuschettesch **carruagem beliches** carruaschäing belischesch Liegewagen	

linha linja Bahnsteig	**fumadores** fumadoresch Raucher	**horário** órariu Fahrplan	**chegada** schegada Ankunft	**partida** partida Abfahrt

Não-Fumadores naung fumadoresch Nichtraucher	**vagão-restaurante** wagaung- rischtaurante Speisewagen	**carruagem-cama** karruaschäing- kama Schlafwagen

Wortliste Zug

Abfahrt a partida
Abfahrtszeit
o tempo da partida
u tempu da partida
Abteil o compartimento
u kompartimentu
ankommen chegar schegar
Ankunft
a chegada a schegada
Anschluß
a ligação a ligaßaung
Aufenthalt a permanência
a permanénßia,
a demora a demóra
Ausgang a saída a ßaida
aussteigen sair ßair
Bahnhof
a estação a ischtaßaung
Bahnsteig a linha a linja
besetzt ocupado okupadu
Eingang a entrada
einsteigen entrar
Fahrkarte o bilhete u biljete
Fahrplan o horário u oráriu
Fahrpreis o preço do bilhete
u preßu du biljete
frei livre liwre
Gepäck
a bagagem a bagaschäing

Gepäckaufbewahrung
o depósito de bagagens
u depósitu de bagaschäingsch
Gepäckschein
o talão de bagagem
u talaung de bagaschäing
Gepäckträger
o carregador u karregador
Gleis a linha a linja
Kinderfahrkarte
o bilhete de criança
u biljete de krianßa
Liegewagen
a carruagem couchettes,
a karruaschäing kuschettesch
a carruagem beliches
a karruaschäing belischesch
Nichtraucherabteil
o compartimento
Não-Fumadores
u kompartimentu naung-
fumadoresch
Notausgang
a saída de emergência
a ßaida de emerschénßia
Platzkarte
o bilhete de marcação do
lugar u biljete de
markaßaung du lugar

Raucherabteil
o compartimento de
Fumadores u kompartimentu
de fumadoresch
Reservierung
a reserva a reserwa
Schalter o guiché o gisché
Schlafwagen
a carruagem-cama
a karruaschäing-kama
Schlafwagenkarte
o bilhete da carruagem-cama
u biljete da karruaschäing-
kama
Speisewagen
o vagão restaurante
u wagaung rischtaurante
umsteigen
mudar de comboio
mudar de komboio
Verspätung o atraso u atrasu
Wagen o vagão u wagaung
Wartesaal
a sala de espera
a ßala de ischpera
Zug o trem u träing
o comboio u komboiu
Zuschlag o suplemento
u ßuplementu

Mit dem Flugzeug

i Portugal besitzt auf dem Festland 3 internationale Flughäfen: Lissabon, Porto und Faro. Der Flughafen Funchal auf Madeira wird auch von internationalen Gesellschaften angeflogen, wohingegen Ponta Delgada auf den Azoren nur von der portugiesischen Gesellschaft TAP von Lissabon aus angeflogen wird. Wegen der besonderen geographischen Eigenart des Archipels mitten im Atlantik wird der Verkehr zwischen den einzelnen azoreanischen Inseln auch durch kleinere Flugzeuge der azoreanischen Gesellschaft SATA bewerkstelligt. Direktflüge nach Porto finden meist von Stuttgart aus mit der TAP oder der Air Atlantis statt. Lissabon wird fast ausschließlich von Liniengesellschaften angeflogen, während in Faro, an der Algarve, die Chartergesellschaften überwiegen.

Wann fliegt die nächste Maschine nach Frankfurt/...?	Quando parte o próximo aviâo para Frankfurt/...? kwandu parte u próßimu awiaung para frankfurt/...?
Gibt es heute/morgen/am ... einen Flug nach Köln/...?	Há um aviâo para Köln/... hoje/amanhã/no dia ... de ...? a ung awiaung para köln/... ösche/amanjang/ nu dia ... de ...?
Ist es ein Direktflug?	É um voo directo? ä ung wo diretu?
Was kostet ein einfacher Flug nach Köln/...?	Quanto custa um bilhete de ida para Köln/...? kwantu kuschta ung biljete de ida para köln/...?
Wieviel kostet ein Hin- und Rückflug nach Lissabon/...?	Quanto custa um bilhete de ida e volta para Lisboa/...? kwantu kuschta ung biljete de ida i wolta para lischboa/...?
Gibt es einen Sondertarif für Kinder/ Studenten/...?	Há uma tarifa especial para crianças/estudantes/...? a uma tarifa ischpeßial para krianßasch/ ischtudantesch/...?
Ich möchte einen einfachen Flug/ Hin- und Rückflug nach Lisabon/... buchen.	Queria reservar um voo só de ida/de ida e volta para Lisboa/... keria reserwar ung wo ßó de ida/de ida i wolta para lischboa/...
Gibt es eine Busverbindung zum Flughafen?	Há um autocarro para o aeroporto? a ung autokarru para u aeruportu?
Wo fährt der Flughafenbus ab?	De onde parte o autocarro ? de onde parte u autokarru?
Wo ist die Abfertigung für den Flug nach Faro/...?	Onde é o "check in" do voo para Faro/...? onde ä u "scheck in" do wo para faru/...?

Ich möchte diesen Flug stornieren/ umbuchen.	Quero mandar cancelar/transferir este voo.
	keru mandar kanßelar/transchferir eschte wo.
Ich möchte einen Sitz am Gang/ Fenster/...	Quero um lugar junto do corredor/junto da janela/...
	keru ung lugar schuntu du korredor/schuntu da schanéla/...

Am Flughafen

Fliegt die Maschine pünktlich ab?	O avião vai sair à hora? u awiaung wai ßair a óra?
Wo fährt ein Bus in die Stadt/...?	De onde parte um autocarro para a cidade/...?
	de onde parte ung autokarru para a ßidade/...?
Wo ist der Taxistand/die Autovermietung?	Onde há uma praça de táxis/um aluguer de automóveis?
	onde a uma praßa de tákßisch/ung alugér de automówäisch?
Taxi! Bringen Sie mich/uns bitte nach Quinta de Lobo/zum Hotel/in die Stadt/...	Táxi! Leve-me/-nos para a Quinta de Lobo/para o hotel/à cidade/...
	táksi! lewe-me/-nusch para a kinta de lobu/para u ótel/a ßidade/...

Faça(-am) o favor de apertar os cintos de segurança.
faßa(-aung) u fawor de apertar usch ßintusch de ßeguranßa.
Bitte anschnallen!

Duty-free-Shop

partida Abflug

depósito para objectos achados
depósitu para obschektusch aschadusch
Fundbüro

Faça(-am) o favor de apagar os cigarros.
faßa (-aung) u fawor de apagar usch ßigarrusch
Bitte das Rauchen einstellen!

Proibído de fumar.
Rauchen verboten

o estrangeiro
u ischtranschäiru Ausland

o interior do país
u interior du paísch Inland

alfándega
alfándega
Zoll

a chegada
a schegada
Ankunft

voos externos
wo:sch äischternusch
Auslandsflug

voos internos
wo:sch internusch
Inlandflug

Wortliste Flugzeug/Flughafen

Abfertigung
o despacho u deschpaschu,
check-in scheck-in
abfliegen partir
Abflug partida
an Bord ao bordo
Ankunft
a chegada a schegada
Ausgang á saída a ßaída
Auskunft
as informações
asch informaßeungsch
Autovermietung
o aluguer de automóveis
u alugér de automówäisch
Bordkarte
o cartão de embarque
u kartaung de embarke
buchen reservar
Buchung a reserva a reserwa
Busverbindung
a ligação (de autocarro)
a ligaßaung (de autokarru)
Direktflug
o voo directo
u wo diretu
einchecken
embarcar embarkar
Eingang a entrada
Fenstersitz
o lugar junto da janela
u lugar schuntu da schanela
fliegen
ir de avião ir de awiaung
Flug o voo u wo
Fluggast
o passageiro u passaschäiru
Fluggesellschaft
a linha aerea a linja aerea
Flughafen
o aeroporto
u aeruportu
Flughafenbus
o autocarro do aeroporto
u autokarru du aeruportu

Flugnummer
o número de voo
u númeru du wo
Flugplan
o horário de voo
u órariu de wo
Flugschein
o bilhete de avião
u biljete de awiaung
Flugzeit
o tempo de voo
u tempu de wo
Flugzeug
o avião u awiaung
Gepäck
a bagagem a bagaschäing
Gepäckabfertigung
o check-in u scheck-in,
despacho de bagagem
deschpaschu de bagaschäing
Gepäckschein
a senha de bagagem
a ßenja de bagaschäing
Handgepäck
a bagagem de mão
a bagaschäing de maung
Hinflug a ida
landen aterrar
Landung
a aterragem a aterraschäing
Nichtraucher
não-fumadores
naung-fumadoresch
Notausgang
a saída de emergência
a ßaída de emerschénßia
Notlandung
a aterragem de emergência
a aterraschäing de
emerschénßia
Notrutsche
o tobugã de emergência
u tobugang de emerschénßia
Passagier
o passageiro u passaschäiru

pünktlich
pontual pontual,
a tempo a tempu
Raucher
o fumador u fumador
Rückflug a volta a wolta
Schalter
o guiché u gisché
Schwimmweste
o colete de salva-vidas
u kolet de ßalwa-widasch
Sicherheitskontrolle
o controlo de segurânça
u kontrolu de ßeguranßa
Sondertarif
o tarifa especial
a tarifa ischpeßial
starten
arrancar arrankar,
levantar voo lewantar wo
stornieren
estornar ischtornar,
anular anular
Taxistand
a praça de táxis
a praßa de táksisch
Übergepäck
bagagem bagaschäing,
peso excessiva/-o
pesu äischßessiva/-u
umbuchen
transferir
transchferir
Verspätung
o atraso u atrasu
Warteliste
a lista de espera
a lischta de ischpera
Warteraum
a sala de espera
a ßala de ischpera,
a sala de embarque
a ßala de embarke
Zwischenlandung
a escala a ischkála

Mit dem Schiff

> In Lissabon stellen neben der Brücke über den Tejo die „ferry-boats", auch „cacilheiros" genannt, eine wichtige Verbindung zur „outra banda", dem anderen Flußufer, dar.

Wann fährt das/die/nächste/letzte/Schiff/Fähre nach Almada/...?	Quando parte o próximo/último/navio/ferry-boat para Almada/...? kwandu parte u próßimu/últimu/nawiu/ferri-boat para almada/...?
Ich möchte eine Schiffsreise nach Lissabon/... buchen.	Quero reservar uma viagem de navio para Lisboa/... keru reserwar uma wiaschäing de nawiu para lischboa/...
Werden Landausflüge veranstaltet?	Vai haver excursões? wai awer éschkurßeungsch?
Bitte geben Sie mir/uns einen Prospekt von den Schiffen nach Lissabon/...	Podia dar-me um folheto sobre os navios que vão para Lisboa/...? pudia dar-me ung foljete ßobre usch nawiusch ke waung para lischboa/...?
Von wo aus fahren die Schiffe/Fähren nach Lisabon/...?	De onde partem os navios/ferry-boats para Lisboa/...? de onde partäing usch nawiusch/ferri-boats para lischboa/...?
Wie lange dauert die Überfahrt nach Almada/...?	Quanto tempo demora a travessia para Almada/...? kwantu tempu demóra a trawessia para almada/...?
Welche Häfen läuft das Schiff/die Fähre an?	Em que portos faz escala o navio/ferry-boat? äing ke portusch fasch ischkala u nawiu/ferry-boat?
Ich möchte Schiffskarte/-n für ... Person/-en nach Lissabon ...	Quero um/... bilhete/-s de navio para ... pessoa/-as para Lisboa... keru ung/... biljete/-sch de nawiu para ... peßoa/-asch para lischboa...
Ich möchte eine Innenkabine/Zweibettkabine/...	Quero um camarote interior/duplo/... keru ung kamarote interior/duplu/...
Können Sie mir/uns bitte eine andere Kabine geben?	Podia dar-me/-nos outro camarote? pudia dar-me/-nusch otru kamarote?
Was kostet die Karte?	Quanto custa o bilhete? kwantu kuschta u biljete?
Wann muß ich an Bord sein?	Quando devo estar ao bordo? kwandu dewo ischtár ao bordu?

An Bord

Wo ist der Speisesaal/Aufenthaltsraum/...?	Onde está a sala/o salão de jantar/a sala de estar/...? onde ischtá a ßala/u ßalaung de schantar/a ßala de ischtár/...?
Ich fühle mich nicht wohl.	Não me sinto bem. naung me ßintu bäing.
Haben Sie ein Mittel gegen Seekrankheit/...?	Tem um remédio contra o enjoo/...? täing ung remédiu kontra u enjou/...?

Wortliste Schiff

Anker
a âncora a ánkora
anlegen
atracar atrakar
Anlegestelle
o atracadouro
u atrakadoru
auslaufen
partir
Außenkabine
a cabina exterior
a kabina äischterior
Autofähre
o cacilheiro
u kaßiljäiru
(Lissabon),
ferry-boat
Boje
a boia a beua
Boot
o barco u barku
Bord (an)
ao bordo ao bordu
buchen
reservar reserwar
Bucht
a baía a baía
Dampfer
o vapor u wapor
Deck
o convés u konwésch
Doppelkabine
a cabine dupla
a kabine dupla
Einzelkabine
a cabine individual
a kabine indiwidual
Fähre
o ferry-boat
Fischerboot
o barco de pesca
u barku de peschka

Hafen
o porto u portu
Innenkabine
a cabine interior
a kabine interior
Insel
a ilha a ilja
Jacht
o iate u jate
Kabine
a cabine a kabine
Kai
o cais u kaisch
Kapitän
o capitão u kapitaung
Kreuzfahrt
o cruzeiro u krusäiru
Küste
a costa a koschta
Land
a terra a terra
Landausflug
a excursão
a äischkurßaung
Matrose
o marujo u maruschu
Meer
o mar u mar
Motorboot
o barco a motor
u barku a motor
Notrutsche
o tobegã de emergância
u tobegang de
emerschénßia
Passagierschiff
o navio de passageiros
u nawiu de
passaschäirusch
Rettungsboot
o barco salva-vidas
u barku ßalwa-widasch

Rettungsring
a bóia salva-vidas
a beua ßalwa-widasch
Ruderboot
o barco a remos
u barku a rémusch
Schiff
o navio
u nawiu
Schiffsarzt
o médico de bordo
u médiku de bordu
Schiffsreise
a viagem de navio
a wiaschäing de nawiu
Schwimmweste
o colete salva-vidas
u kolete ßalwa-widasch
See o mar u mar
Seekrankheit
o enjoo
u enschoú
Segelboot
o barco a vela
u barku a wela
Steward
o criado de bordo
u kriadu de bordu
Strand
a praia
a praia
Überfahrt
a atravessia
a atrawessia
Ufer
a costa (Meer)
a koschta
a margem
a marschäing
Welle
a onda

Langstreckenbusse

Da das Eisenbahnnetz in Portugal sich hauptsächlich auf die Küstenregionen und auf die Verbindungen zwischen den größeren Städten beschränkt, werden besonders die Verbindungen der Ortschaften im Landesinneren durch staatliche (Rodoviária Nacional) und private Busgesellschaften aufrechterhalten. Diese besitzen in den größeren Ortschaften eine Art Busbahnhof, meist direkt im Zentrum oder in Bahnhofsnähe. Oft sind diese Busse schneller als die Züge, aber auch etwas teurer. In den Städten selbst dagegen gehören die Busse städtischen Verkehrsunternehmen. Das hat zur Folge, daß die städtischen Unternehmen und die „Rodoviária", die auch innerhalb der Städte verkehrt, unterschiedliche Tarife und Tickets anbieten. Wenn es nicht gerade Expreßbusse sind, gibt es auf längeren Strecken oft Pausen, bei denen etwas länger angehalten wird und man Zeit hat für einen Snack und einen Kaffee. Die Fahrt durch die Dörfer bietet die Gelegenheit, Land und Leute kennenzulernen.

Welche Busunternehmen fahren zur Serrra de Estrela/...?
Quais são as empresas rodoviárias que vão para a Serra de Estrela/...? kweisch ßaung asch empresasch rodowiáriasch ke waung para a ßerra de ischtrela/...?

Wo ist das Büro der Busunternehmen ...?
Onde está a agência da empresa rodoviária ...? onde istá a aschënßia da empresa rodowiária ...?

Wo fahren die Fernbusse zur Serra de Estrela/...?
De onde partem os autocarros de longa distância para a Serra de Estrela/...? de onde partäing usch autokarrusch de longa dischtánßia para a serra de ischtrela/...?

Haben Sie Servicebusse von ... zum/zur/nach ...?
Há autocarros de ... para...?
a autokarrusch de ... para...?

Wie komme ich zum Busbahnhof/Servicebus?
Como vou para a central da Rodoviária/ dos autocarros? komu wo para a ßentral da rodowiária/dusch autokarrusch?

Wann kommt der Bus in der Serra de Estrela/... an?
Quando chega o autocarro na Serra de Estrela/...? kwandu schega u autokarru na ßerra de ischtrela/...?

Wieviel kostet die Fahrt zur Serra de Estrela/...?
Quanto custa um bilhete para a Serra de Estrela/...? kwantu kuschta ung biljete para a ßerra de ischtrela/...?

Geben Sie mir bitte ... Fahrkarte/-n.
Queria um bilhete/... bilhetes, faz favor.
keria ung biljete/... biljetesch, fasch fawor.

Ich möchte einen Platz am Fenster/Gang.
Queria um lugar junto ao corredor/à janela.
keria ung lugar schuntu ao korredor/a schanéla.

Wie lange haben wir hier/in ... Aufenthalt?
Quanto é a demora aqui/em ...?
kwantu ä a demóra aki/äing ...?

Gepäck

Ich möchte dieses Gepäck nach Frankfurt/... aufgeben.	Queria despachar esta bagagem para Francoforte/..., faz favor. keria deschpaschar eschta bagaschäing para frankoforte/..., fasch fawor.
Was kostet das Übergepäck?	Quanto tenho que pagar para a bagagem/o peso excessiva/-o? kwantu tenju ke pagar para a bagaschäing/u pesu äischßessiwa/-o?
Mein Gepäck ist nicht angekommen.	A minha bagagem não veio. a minja bagaschäing naung wäiu.
Mein Koffer/... wurde beim Transport beschädigt.	A minha mala/... foi danificada durante o transporte. a minja mala/... feu danifikada durante u transchporte.
Wo ist hier die Gepäckaufbewahrung?	Onde é o depósito para bagagens? onde ä u depósitu para bagaschäingsch?
Ich möchte mein Gepäck hierlassen.	Queria deixar a minha bagagem aqui. keria däischar a minja bagaschäing akie.
Ich möchte mein Gepäck abholen.	Vim cá buscar a minha bagagem. wing buschkar a minja bagaschäing .
Wieviel kostet es pro Tasche/Koffer für ... Stunde/-n/Tag/-e?	Quanto é o depósito por pasta/mala por hora/-s/por dia/-s? kwantu ä u depósitu pur paschta/mala pur òra/-sch/pur dia/-sch?
Können Sie mir/uns bitte mit dem Gepäck helfen?	Podia ajudar-me/nos com a bagagem, por favor? pudia aschudar-me/nusch cong a bagaschäing, pur fawor?
Bitte bringen Sie mein Gepäck zu einem Taxi.	Faça o favor de levar a bagagem para um taxi. faßa u fawor de lewar a bagaschäing para ung táksi.

Wortliste Gepäck

Abfertigung
despacho deschpaschu
abholen
ir buscar ir buschkar
ankommen chegar schegar
aufgeben
despachar deschpaschar
Beschädigung
o dano u danu
Gepäck
a bagagem a bagaschäing
Gepäckannahme
a recepção da bagagem
a reßepßaung da bagaschäing
Gepäckaufbewahrung
o depósito de bagagem
u depósitu de bagaschäing
Gepäckausgabe
a entrega da bagagem
a entrega da bagaschäing
Gepäckschein
a senha de bagagem
a ßenja de bagaschäing
Gepäckträger
o carregador u karregador
Gepäckversicherung
o seguro de bagagem
u ßeguru de bagaschäing
Gepäckwagen
o carrinho de bagagem
u karrinju de bagaschäing
Handgepäck
a bagagem de mão
a bagaschäing de maung
Koffer
a mala
nachschicken
enviar posteriormente
enwiar poschteriormente
Reisetasche
o saco de viagem
u ßaku de wiaschäing

Rucksack	**transportieren**	**Versicherung**
a mochila a moschiela	transportar	o seguro
schwer pesado/-a pesadu/-a	transchportar	u ßeguru
Tasche (Handtasche)	**Übergewicht**	**vorausschicken**
a bolsa a bolßa	o excesso de peso	mandar com
(Aktentasche)	u ischbessu de pesu	mandar cong
a pasta a páschta	**versichern lassen**	antecedência
(Reisetasche)	mandar fazer um seguro de	anteßedénßia
o saco u ßaku	mandar faser ung ßeguru de	

Nahverkehrsmittel

i Die preiswerteste Stadtbesichtigung in Lissabon ist eine Fahrt mit den altertümlichen Straßenbahnen, die sich ratternd durch die engen Gassen der Altstadt schieben. Wegen mangelnder Parkmöglichkeiten und besonders als Ortsunkundiger empfiehlt es sich, in den großen Städten die öffentlichen Verkehrsmittel wie Busse, „Troleibus" (in Coimbra), Straßenbahn und Metro (in Lissabon) zu benutzen. Eine Besonderheit ist an den Haltestellen von Bussen zu beachten: Der Fahrgast muß durch Erheben der Hand zu verstehen geben, daß er mit dem Bus fahren will. Die Metro in Lissabon dagegen ist die schnelllste Verbindung und zudem recht preisgünstig.

Bus, Straßenbahn, U-Bahn

Welch-e/-er/-es Straßenbahn/ U-Bahnlinie/Bus/fährt nach/ zum/zur ...?	Que linha de eléctrico/de Metro/de autocarro/ vai para (o/a)...? ke linja de eléktriku/de metru/de autokarru/ wei para (u/a)...?
Wo ist bitte der/die nächste Bushaltestelle/Straßenbahn- haltestelle/...?	Onde é a paragem de autocarro/eléctrico/mais próxima/...? onde ä a paraschäing de autokarru/eléktriku/maisch próßima/...?
Ich möchte nach/zum/zur ... fahren.	Queria ir para (o/a)... keria ir para (u/a)...
Wo muß ich aussteigen/umsteigen?	Onde tenho que sair/mudar de autocarro/eléctrico/...? onde tenju ke ßaír /mudar de autokarru/eléktriku/...?
Würden Sie bitte die Haltestelle für mich ausrufen?	Podia dizer o nome da paragem em voz alta? pudia díser u nome da paraschäing äing wósch alta?

Wann fährt der erste/ letzte Bus nach Belém?	Quando parte o primeiro/último autocarro para Belém? kwandu parte u primäiru/última autokarru para beläing?
Was kostet die Fahrt nach Belém?	Quanto custa até Belém? kwantu kuschta até beläing?
Wie lange dauert die Fahrt nach/zum/zur ...?	Quanto tempo dura a viagem até ...? kwantu tempu dura a wiaschäing até ...?
Was bekommen Sie?	Quanto é? kwantu ä?
Bitte geben Sie mir ... Fahrschein/-e.	Um/... bilhete/-s, por favor. ung/... biljete/-sch, pur fawor.

Taxi

i Die schwarzen Taxis mit dem Taxischild auf dem Dach werden durch Handzeichen herbeigerufen. In der Regel ist jedes Taxi mit einem Gebührenzähler ausgerüstet. Außerdem muß es eine Gebührentabelle mitführen; normalerweise ist sie auf das Fenster geklebt. Zu Beginn der Fahrt zeigt der Gebührenzähler die Grundgebühr (a bandeirada) an. Für das Gepäck wird eine zusätzliche Pauschale erhoben. Auch wenn man telefonisch ein Taxi ruft, wird eine zusätzliche Gebühr erhoben, ebenso nachts. Wenn man außerhalb der Stadt wohnt, müssen immer beide Wege bezahlt werden. Man sollte sich aber nicht darauf einlassen, bei längeren Fahrten eine Pauschale zu vereinbaren. Der Preis wird durch die Multiplikation von gefahrenen Kilometern mit dem Kilometerpreis errechnet. Man tut also gut daran, bei Beginn einer solchen Fahrt nach dem Kilometerpreis zu fragen (Quanto custa cada quilómetro?).

Wo ist der nächste Taxistand?	Onde é a praça de táxis mais próxima? onde ä a praßa de täkßisch maisch prößima?
Bitte schicken Sie ein Taxi nach/zum/zur ...	Mande um táxi para (o/a)..., se faz favor. mande ung täkßi para (u/a)..., ße fasch fawor.
Rufen Sie mir bitte ein Taxi.	Chame um táxi, se faz favor. schame-me ung täkßi, ße fasch fawor.
Ich möchte nach/zum/zur Belém/ Bahnhof/...	Queria ir para Belém/a estação/... keria ir para beläing/a ischtaßaung/...
Was bekommen Sie?	Quanto é? kwantu ä?
Geben Sie mir bitte eine Quittung.	Dâ-me um recibo, por favor. dé-me ung reßibu, pur fawor.
Danke, der Rest ist für Sie.	Obrigado/-a, pode ficar com o troco. obrigadu/-a, póde fikar kong u troku.

Per Anhalter

Ich möchte nach Coimbra/... fahren. Queria ir para Coimbra/... keria ir para koimbra/...
Würden Sie mich (ein Stück) mitnehmen? Pode levar-me consigo (um bocado)? póde lewar-me consigu (ung bokadu)?
Bitte lassen Sie mich hier/in ... aussteigen. Quero sair aqui/... keru ßaír akie/...
Kennen Sie jemanden, der mich heute/ morgen nach Braga/... mitnehmen könnte? Conhece alguem que me pode levar para Braga/... hoje/amanhã? konjeße algäing ke me pode lewar para braga/... osche/amanhang?

Wortliste Nahverkehrsmittel

abfahren partir
Abfahrt partida
Adresse
a direcção a direßaung
ankommen
chegar schegar
Ankunft
a chegada a schegada
ausrufen
anunciar em voz alta
anunßiar äing wósch alta
aussteigen sair ßaír
Bahnhof
a estação a ischtaßaung
Bus
o autocarro u autokarru
Busbahnhof
a central de autocarros
a ßentral de autokarrusch
Bushaltestelle
a paragem de autocarro
a paraschäing de autokarru
Busreise
a viagem de autocarro
a wiaschäing de autokarru
einsteigen entrar
Entfernung
a distância a dischtánßia

fahren
(Bus) ir de autocarro
ir de autokarru;
(Straßenbahn)
ir de eléctrico ir de eléktriku;
(U-Bahn) ir de metro
(Taxi) ir de táxi/... tákßi/...
Fahrkarte
o bilhete u biljete
Fahrkartenschalter
o guiché u gisché
Fahrpreis
o preço de viagem
u preßu de wiaschäing
Fahrschein
o bilhete u biljete
Fahrt
a viagem a wiaschäing
Flughafen
o aeroporto u aeroportu
halten parar
Haltestelle
a paragem a paraschäing
Hotel o hotel u ótel
Kilometerpreis
o preço por quilometro
u preßu pur kilómetru
Linie a linha a linja

Nahverkehrsmittel
o tráfego suburbano
u tráfégu suburbanu
Pauschalpreis
o preço total u preßu total
Quittung o recibo u reßibu
Richtung
a direcção a direßaung
Stadt a cidade a ßidade
Stadtrundfahrt o circuito
túristico à cidade u ßirkuitu
túrischtiku a ßidade
Taxifahrer
o motorista de táxi
u motorischta de tákßi
Taxistand a praça de táxis
a praßa de tákßisch
Trinkgeld
a gorjeta a gorschéta
umsteigen
mudar de autocarro
mudar de autokarro,
comboio/... komboiu/...
Verspätung
o atraso u atrasu
warten esperar ischperar
Wartesaal
a sala de espera
a ßala de ischpera

Reisen mit Kindern

Reisen mit Kindern

i In öffentlichen Verkehrsmitteln brauchen Kleinkinder nicht zu zahlen. Kinder vom 2. bis zum vollendeten 12. Lebensjahr erhalten auch in anderen öffentlichen Einrichtungen eine Ermäßigung, in der Regel um 50%. Zusätzlich bieten einige Museen, wie das ethnologische Museum in Lissabon, spezielle Führungen für Kinder an, die von Museumspädagogen durchgeführt werden. Außerdem können Sie sehr liebevoll gestaltete, spezielle Kataloge für Kinder erwerben (z.B. Aquarium Vasco da Gama, Lissabon).

Viele Unterkünfte bieten für Kinder von 2 bis 12 Jahren (auf den Azoren bis 8 Jahren) Preisnachlässe von 20-60% je nach Saison, wenn das Kind im Zimmer der Eltern untergebracht ist. Viele Restaurants in Portugal bieten Kindermenüs an. Sollte dies nicht der Fall sein, so kann man auch problemlos um eine Portion mit zwei Gedecken bitten oder eine halbe Portion (meia dose) bestellen.

Die gängigen Marken von Säuglingsmilch und -brei erhalten Sie in den Apotheken. Fertige Säuglings- oder Kleinkindnahrung in Gläsern werden Sie allerdings nur selten finden. Als gute Alternative bieten sich in diesem Fall die bei allen Kindern sehr beliebten passierten Gemüsesuppen (nur mit Salz und Olivenöl gewürzt!) und gekochter Fisch (*pescada,* wegen der wenigen Gräten) mit Kartoffeln an.

Kinder haben in Portugal einen großen Freiraum und es wird als selbstverständlich angesehen, daß sie am Leben der Erwachsenen teilhaben. In Restaurants macht man auch kein Aufhebens darum, wenn Kinder einmal gekleckert haben, und man zeigt Verständnis für den Bewegungsdrang der Kinder. Häufig achtet dort dann auch das Personal darauf, daß sich die Kinder nicht zu weit entfernen. Überall erfahren Kinder liebevolle Aufmerksamkeit.

Reisen mit Kindern

Wir sind zu viert/...	Somos quatro/... pessoas.
	ßomusch kwatru/... pessoasch.
Gibt es eine/-n Ermäßigung/ Sondertarif für Kinder?	Tem um preço/uma tarifa especial para crianças?
	täing ung preßu/uma tarifa ischpeßial para krianßasch?
Können Sie ein Kinderbett in das Zimmer stellen?	Podia colocar uma cama de criança no quarto?
	pudia kolokar uma kama de krianßa nu kwartu?
Haben Sie ein /-e/-en Kinderbett/ Kinderstuhl/...?	Tem uma cama/cadeira de criança/...?
	täing uma kama/kadäira de krianßa/...?
Sind im Hotel noch mehr Kinder?	Há mais crianças no hotel?
	a maisch krianßasch nu otel?
Gibt es hier Freizeitveranstaltungen/ ... für Kinder?	Ha cá actividades de tempos livres/... para crianças?
	a ká atiwidadesch de tempusch liwresch/... para krianßasch?
Gibt es hier einen Vergnügungspark/ Kinderspielplatz?	Tem cá um parque de diversões/um parque infantil?
	täing ká ung parke de diwerseungsch/ung parke infantil?
Gibt es hier ein Planschbecken/...?	Tem cá uma piscina para crianças/...?
	täing ká uma pischßina para krianßasch/...?
Kennen Sie jemanden, der für uns babysitten kann?	Conhece alguem que pode tomar conta dos nossos filhos?
	konjeße algäing ke pode tomar konta dusch nossusch filjusch?
Haben Sie auch Kindermenü/ Kinderportion?	Tem um prato de criança?
	täing ung pratu de krianßa?
Können Sie diese Flasche für mich wärmen?	Podia aquecer o biberon?
	pudia akeßer u biberong?
Gibt es hier einen Wickelraum/...?	Há uma sala onde se pode enfaixar o bébé/...?
	a uma ßala onde ße póde enfaischar u bébé/...?
Wo kann ich mein Baby füttern/...?	Onde posso dar comer/... ao bébé?
	onde possu dar cumer/... ao bébé?
Wo kann ich mein Baby stillen/...?	Onde posso dar mamar/... ao bébé?
	onde possu dar mamar/... ao bébé?

55

Wortliste Reisen mit Kindern

Animation
a animação
a animaßaung
Baby
o bébé
Babysitter
o babysitter
Junge
o rapaz u rapasch
Kind
a criança a krianßa
Kinderarzt
o pediatro u pediatru
Kinderermäßigung
o desconto para crianças
u deschkontu para krianßasch
Kindergarten
o jardim infantil
u scharding infantil
Kindermenü
o prato (menu) de criança
u pratu (menü) de krianßa
Kindernahrung
a comida para crianças
a kumida para krianßasch
Kinderportion
o prato (a dose) de criança
u pratu (a dose) de krianßa

Kindersitz
o assento de criança
u aßentu de krianßa
Kinderspielplatz
o parque infantil
u parke infantil
Kinderstuhl
a cadeira de criança
a kadäira de krianßa
Kinderwagen
a carrinha de criança
a karrinja de bébé
Mädchen
a rapariga
Schnuller
a chupeta a schupeta,
a chucha a schuscha
Planschbecken
a piscina para criança
a pisch'ßiena para krianßa
Schwimmflügel
as braçadeiras
asch braßadäirasch
Schwimmring
a bóia
a beua
Sohn
o filho u fielhu
Spielkameraden

os companheiros
usch kompanjäirusch
Spielzeug
o brinquedo
u brinkedu
Tochter
a filha a fielja
Vergnügungspark
o parque de divertimentos
u parke de diwertimentusch
Wickelraum
a sala para enfaixar crianças
a ßala para enfaischar krianßasch
Wickeltisch
a mesa para enfaixar crianças
a mesa para enfaischar krianßasch

Unterkunft

Unterkunft

i Sowohl für den Individual- als auch für den Pauschalreisenden hält Portugal ein umfangreiches Angebot an Unterkünften in verschiedenen Preiskategorien bereit. Die Skala reicht von privat gemieteten Zimmern, über einige wenige Jugendherbergen, Pensionen bis zu den staatlichen Pousadas (Luxusunterkünften in alten Schlössern, Burgen und Landsitzen). Die Anzahl der Sterne, mit denen die Unterkünfte ausgezeichnet werden, gibt Anhaltspunkte über deren Ausstattung und Preise. Nähere verläßliche Informationen darüber erhalten Sie bei den örtlichen Tourismusbüros.

Information

Können Sie mir/uns ein gutes/ ruhiges/zentral gelegenes/... Hotel/... empfehlen?
Pode-me/-nos recomendar um bom hotel/um hotel sossegado/central/...? póde-me/-nusch rekomendar ung bong ótel/ung ótel ßossegadu/ßentral/...?

Gibt es hier in der Nähe einen schönen/sauberen/... Campingplatz?
Há perto daqui um parque de campismo bonito/limpo/...? a pertu daki ung parke de kampischmu bonitu/ limpu/...?

Wieviel kostet eine Übernachtung ungefähr?
Qual é o preço do quarto por noite, aproximadamente? kwal é u preßu du kwartu pur neute, aproßimadamente?

Wo ist das Hotel ... /die Pension ...?
Onde é o hotel .../a pensão...? onde ä o ótel .../ä penßaung...?

Beschreiben Sie mir bitte den Weg.
Podia-me indicar o caminho? pudia-me indikar u kaminju?

Hotel

Für mich/uns ist ein Zimmer reserviert.
Foi reservado um quarto para mim/nós. feu reservadu ung kwartu para ming/nosch.

Haben Sie ein Einzelzimmer/ Zweibettzimmer frei?
Tem um quarto individual/de casal livre? täing ung kwartu indiwidual/de kasal liwre?

Ich möchte ein Zimmer mit Meerblick/...
Queria um quarto com vista para o mar/... keria ung kwartu komg wischta para u mar/...

Können Sie ein 3. Bett in das Zimmer stellen?
Podia colocar uma terceira cama no nosso quarto? pudia kolokar uma terßäira kama nu nossu kwartu?

Gibt es eine Ermäßigung für Kinder/Gruppen/...?
Há um desconto para crianças/grupos/...? a deschkontu para krianßasch/grupusch/..?

Sind Hunde erlaubt?
Admitem cães? Admitäing kaingsch?

Haben Sie eine/-n Garage/ Parkplatz?
Tem uma garagem/um parque de estacionamento? täing uma gagraschäing/ung parke de ischtaßionamentu?

Haben Sie einen Safe?	Tem um cofre? täing ung kofre?
Hat das Hotel ein/-en Schwimmbad/eigenen Strand?	O hotel tem uma piscina/uma praia privativa? u ótel täing uma pischßiena/uma praia priwatiewa?
Ich bleibe ... Tag/-e/Woche/-n.	Fico ...dia/-s/semana/-s. fiku ... dia/-sch/semana/-sch.
Kann ich das Zimmer sehen?	Posso ver o quarto? poßu wer u kwartu?
Ich nehme das Zimmer.	Fico com o quarto. fiku kong u kwartu.
Ich möchte ein anderes/billigeres/ größeres/... Zimmer.	Queria outro quarto/um quarto mais barato/mais espaçoso/... keria otru kwartu/ung kwartu maisch baratu/maisch espaßosu/...
Was kostet das Zimmer mit Halbpension/Frühstück?	Em quanto fica o quarto com meia pensão/pequeno almoço? äing kwantu fika u kwartu kong mäia penßaung/ pekenu almoßu?
Füllen Sie bitte das Anmeldeformular aus.	Faça o favor de preencher o bolhetim de alojamento. faßa u fawor de preenscher u buljeting de aloschamentu.
Bitte lassen Sie die Sachen auf mein Zimmer bringen.	Mande levar estas coisas para o meu quarto, se faz favor. mande lewar eschtasch keusasch para o meu/ kwartu, ße fasch fawor.
Wo ist der Frühstücksraum/die Bar/...?	Onde é o salão para o pequeno almoço/o bar/...? onde é u ßalaung para u pekenu almoßu/u bar/...?
Bitte den Schlüssel für das Zimmer 6/...	Queria a chave para o quarto número seis/..., por favor. keria a schawe para u kwartu númeru ßäisch/..., pur fawor.
Können Sie das für mich im Safe aufbewahren?	Podia guardar isto no seu cofre? pudia guardar isto nu ßeu kofre?
Ich möchte meine Sachen aus dem Safe nehmen.	Queria tirar as minhas coisas do cofre. keria tirar asch minjasch koisasch du kofre.
Ist Post/eine Nachricht für mich da?	Há correspondência/uma notícia para mim? a korreschpondénßia/uma notíßia para ming?

Beanstandungen

Wenn jemand nach mir fragt, bin ich an der Bar/...	Se alguem perguntar por mim, estou no bar/... ße algäing perguntar pur ming, ischtó nu bar/...
Wo kann ich mich für den Ausflug nach/zum/zur ... anmelden?	Onde posso inscrever-me para uma excursão para ...? onde possu inschkrewer-me para uma ischkurßaung para ...?
Kann ich hier Geld umtauschen?	Posso cá trocar dinheiro? possu ka trokar dinjäiru?
Wo kann ich telefonieren?	Onde posso telefonar? onde possu telefonar?
Können Sie eine Telefonverbindung nach Deutschland/... herstellen?	Podia fazer um ligação telefónica para a Alemanha/...? pudia faser uma ligaßaung para a alemanja/...?
Ich möchte die Hose/das Hemd/... reinigen lassen.	Queria mandar limpar as calças/ a camisa/... keria mandar limpar asch kalßasch/a camisa/...
Die Dusche/Spülung/Klimaanlage/... funktioniert nicht.	O chuveiro/o autoclismo/o ar condicionado/... não funciona. u schuwäiru/u autoklischmu/u ar kondißionadu/... naung funßiona.

Es kommt kein Wasser/warmes Wasser.	Não há água/ água quente. naung a agwa/ agwa kente.
Bringen Sie mir/uns bitte einige Kleiderbügel.	Traga-me umas cruzetas/ uns cabides, se faz favor. traga-me umasch krusetas/ ungsch cabidesch, ße fasch fawor.
Der Wasserhahn tropft.	A torneira está a pingar. a tornäira ischtá a pingar.
Das Waschbecken/Die Toilette ist verstopft.	O lavatório/A retrete está entupido/-a. u lawatóriu/a retrete ischtá entupidu/-a.
Das Zimmer ist zu laut/...	O quarto é muito barulhento/... u kwartu ä muitu baruljentu/...
Das Fenster/... geht nicht auf/zu.	A janela/... não abre/fecha. u schanéla/... naung abre/fäischa.
Das Zimmer ist nicht gereinigt worden.	Não limparam o quarto. naung limparaung u kwartu.

Wortliste Hotel

Abendessen
o jantar u schantar
Abreise a partida
Adapter
o adaptador u adaptador
Adresse
o endereço u endereßu,
a direcção a direßaung
Animationsprogramm
o programa de animação
u programa de animaßaung
Anmeldung
a recepção a reßepßaung
aufbewahren
(Gepäck) guardar/ depositar
Ausflug
a excursão a äischkurßaung
Aussicht
a vista a wischta
Bad o banho u banju
Badewanne
a banheira a banjäira
Balkon
a varanda a waranda
Bar o bar u bar
Bedienung
o serviço u ßerwißu;
(Person)
o/a empregado/-a
u/a aingpregadu/-a

Bettdecke
a colcha a kolscha
Bettwäsche
a roupa da cama
a ropa da kama
Diskothek
a discoteca a dischkoteka
Einzelzimmer
o quarto individual
u kwarto indiwidual
Fenster a janela a schanéla
Fernseher
a televisão a telewisaung
Frühstück
o pequeno almoço
u pekenu almoßu
Frühstücksraum
a sala de pequenos-almoços
a ßala de pekenusch-almoßusch
Garage
a garagem a garaschäing
Gepäck
a bagagem a bagaschäing
Halbpension
a meia-pensão
a mäia-penßaung
Handtuch a toalha a toalja
Heizung
o aquecimento u akeßimentu

Hotel o hotel u ótel
Hotelpersonal
o pessoal do hotel
u pessoal du ótel
Kinderbetreuung
o acompanhamento de
crianças u akompanjamentu
de krianßasch
Kinderbett
a cama de criança
a kama de krianßasch
Kinderspielplatz
o parque infantil
u parke infantil
Kissen a almofada
Kleiderbügel
a cruzeta a kruseta,
o cabide u kabide
Klimaanlage
o ar condicionado
u ar kondißionadu
Kreditkarte
o cartão de crédito
u kartaung de kréditu
Kühlschrank
o frigorífico u frigorĺfiku
Lampe
o candeeiro u kandeäiru
laut
barulhent o baruljentu

Liegestuhl
a cadeira de repouso
a kadäira de reposu
Meerblick
a vista par o mar
a wischta para u mar
Mittagessen
o almoço u almoßu
Nachttischlampe
o candeeiro da mesa-de-cabeceira u kandeäiru da mesa-de-kabeßäira
Papierkorb
o cesto de papéis
u ßeschtu de papäisch
Parkplatz
o parque de estacionamento
u parke de ischtaßionamentu
Pension
a pensão a penßaung
Portier
o porteiro u portäiru
Preis o preço u preßu
Privatstrand
a praia privativa
a praia priwatiwa
Privatzimmer
o quarto particular
u kwartu partikular
Radio o rádio u rádiu
Rechnung a conta a konta
reinigen limpar limpar;
(chemische Reinigung)
limpar a seco limpar a ßeku
Reisebüro
a agência de viagens
a aschénßia de wiaschäingsch

Reiseleiter
(do grupo de viagem)
o guia u gia
reservieren lassen
mandar reservar
mandar reserwar
Rezeption
a recepção a reßepßaung
Saal
a sala a ßala,
o salão u ßalaung
Saison
a estação a ischtaßaung,
a temporada a temporada
Sauna a sauna a ßauna
Scheck o cheque u scheck
Schlüssel a chave a schawe
Schwimmbad
a piscina a pischßiena
Sonnenschirm
o chapeu de sol
u schapeu de sól
Speisesaal a sala a ßala,
o salão de jantar
u ßalaung de schantar
Spülung (WC)
o autoclismo
o autoklischmu
Strand a praia
Tag o dia
Taxi o táxi u táksi
Terrasse
o terraço u terraßu
Toilette
a retrete a retrete
Toilettenpapier
o papel higénico
u papel ischéniku

Trinkgeld
a gorjeta a gorscheta
Übernachtung a dormida
Verlängerungswoche
a semana suplementar
a ßemana ßuplementar
Vollpension
a pensão completa
a penßaung completa
warmes Wasser
água quente agwa kente
waschen lavar
Wasser a água a agwa
Wasserglas
o copo para água
u kopu para água
Wasserhahn
a torneira a tornäira
Wasserleitung
a canalização de água
a kanalisaßaung de água
wecken
despertar deschpertar,
acordar akordar
wohnen morar
Zimmer o quarto u kwartu
Zimmerkellner
o criado do quarto
u kradu du kwartu
Zimmermädchen
a criada do quarto
a kriada du kwartu
Zimmerschlüssel
a chave do quarto
a schawe du kwartu
Zimmertelefon
o telefone (do quarto)
u telefone (du kwartu)

Ferienwohnung/Ferienhaus

Wir haben die Wohnung/... gemietet. Alugámos o apartamento/...
Alugámusch u apartamentu/...

Bitte, hier ist der Reservierungs- Aqui está o certificado da reserva.
beleg. Akie ischtá u ßertifikadu da reserva.

Welche Nebenkosten sind im Mietpreis enthalten?	Quais são as despesas extraordinárias incluídas no aluguer? kwaisch ßaung asch deschpesasch äischtraordináriasch inkluĺdasch nu aluger?
Wo ist der/die Sicherungskasten/Mülltonne/...?	Onde está a caixa de curto-circuito/o caixote de lixo/...? onde ischtá a kaischa de kurtu-ßirkuitu/u caischote de lischo/...?
Wie funktioniert der Gasherd/...?	Como funciona o fogão a gás/...? komu funßiona u fogaung a gásch/...?
Gibt es hier ein Barbecue/...?	Tem aqui uma grelha/...? täing akie uma grelja/...?
An welchen Tagen kommt das Dienstmädchen?	Em que dias vem a criada? äing ke diasch wäing a kriada?
Müssen wir für das Dienstmädchen/... extra bezahlen?	Temos que pagar a criada/... à parte? temusch ke pagar a kriada/... a parte?
Wer bezahlt die Endreinigung?	Quem paga a limpeza final? käing paga a limpesa final?

Wortliste Ferienwohnung/Ferienhaus

Abreisetag o dia da partida u dia da partida
Anreisetag o dia da chegada u dia da schegada
Appartement o apartamento u apartamentu
Badezimmer a casa de banho a kasa de banju
Balkon a varanda a waranda
Besteck o talher u taljer
Bügeleisen o ferro de engomar u ferru de engomar
Bungalow a vivenda a wiwenda
Elektroherd o fogão eléctrico u fugaung eléktriku
Endreinigung a limpeza final a limpesa final
Eßecke a mesa de jantar a mesa de schantar
Ferienhaus a casa de férias a kasa de fériasch
Ferienwohnung o apartamento de férias u apartamentu de fériasch

Garten o jardim u scharding
Geschirr a loiça a loißa
Geschirrtuch o pano de loiça u panu de loißa
Hausbesitzer o dono de casa u donu da casa
Herd o fogão u fugaung
Heizung o aquecimento u akeßimentu
Kaffeemaschine a máquina de (fazer) café a mákina de faser kafé
Kamin (offener Kamin) a lareira a laräira (Rauchabzug) a chaminé a schaminé
Kinderzimmer o quarto de criança u kwartu de krianßa
Klimaanlage o ar condicionado u ar kondißionadu
Kochnische a kitchinete a kitschinete
Küche a cozinha a kusinja
Kühlschrank o frigorífico u frigorĺfiku
Miete o aluguer u aluger, a renda a renda

Mülltonne o caixote de lixo u kaischote de lischu
Nebenkosten os custos suplementares usch kuschtusch ßuplementaresch
Schlafzimmer o quarto (de dormir) u kwartu (de dormir)
Schlüsselübergabe a entrega das chaves a entrega de schawesch
Spülmaschine a máquina de lavar loiça a mákina de lawar loißa
Strom a electricidade a elektrißidade
Stromspannung a voltagem a woltaschäing
Toaster a torradeira a torradäira
Toilette a retrete
Waschmaschine a máquina de lavar (roupa) a mákina de lawar (ropa)
...verbrauch o consumo de... u konßumu de...
Wohnzimmer a sala de estar a ßala de ischtar

Camping

In den Touristenzentren und in landschaftlich attraktiven Gegenden stehen den Touristen zahlreiche Campingplätze zur Verfügung. Sie sind in aller Regel mit den notwendigen Sanitäranlagen und Stromanschluß ausgestattet. Häufig sind auch ein kleiner Laden und ein Swimmingpool vorhanden. Eine Liste dieser Plätze erhält man beim portugiesischen Fremdenverkehrsamt und in Portugal beim „Posto de Turismo".

Gibt es in der Nähe einen sauberen/schönen/ruhigen/Campingplatz?	Há aqui perto um parque de campismo limpo/bonito/sossegado? a akie pertu um parke de kampschmu limpu/bonitu/ßossegadu?
Wo ist der Campingplatz ...?	Onde é o parque de campismo...? onde ä u parke de kampischmu...?
Dürfen wir auf Ihrem Grundstück zelten?	Podemos acampar no séu terreno? pudemusch akampar nu ßeu terrenu?
Haben Sie einen deutschsprachigen Prospekt?	Tem um prospecto em alemão? täing ung proschpetu äing alemaung?
Haben Sie noch Plätze frei für ein/-en Zelt/Wohnwagen?	Ainda tem lugares livres para uma tenda /uma caravana? ainda täing lugaresch liwresch para uma tenda/karawana?
Kann man hier für ... Tag/-e/Woche/-n ein/-en Zelt/Bungalow/... mieten?	Posso alugar aqui por um/... dia/-s/uma/... semana/-s uma tenda/uma vivenda? possu alugar akie pur ung/... dia/-sch/uma semana/-sch/ung/... mesch/uma wiwenda?
Wieviel kostet es pro Nacht/...?	Quanto custa por noite/...? kwantu kuschta pur noite/...?
Kann ich den Platz besichtigen?	Posso ver o parque? possu wer u parke?
Dürfen wir unser Zelt hier aufschlagen?	Podemos montar a tenda aqui? pudemusch montar a tenda akie?
Ist der Platz nachts bewacht?	O parque está vigiado à noite? u parke ischtá wischiadu a noite?
Gibt es hier ein/-en Schwimmbad/Tennisplatz/...?	Há aqui uma piscina/um campo de ténis/...? a akie uma pischßiena/ung kampu de tenisch/...
Kann man hier Volleyball/Tischtennis/... spielen?	Pode-se jogar aqui voleibol/ténis de mesa/...? pode-ße schogar akie woläibol/tenisch de mesa/...?
Kann man hier ein Surfbrett/... mieten?	Pode-se alugar aqui uma prancha de surfe/...? pode-ße alugar akie uma prauscha de surfe/...?
Gibt es hier ein/-en Lebensmittelgeschäft/Stromanschluß/...?	Há aqui uma mercearia/tomada de corrente/...? a akie uma merßeria/tomada de korrente/...?
Wo sind die Toiletten und der Waschraum?	Onde estão os sanitários e os lavabos? onde ischtaung usch sanitáriusch i usch lawa'bósch?
Haben Sie ein/-e/-en Verlängerungsschnur/...?	Tem um .../uma extensão/...? täing ung .../uma äischtenßaung/...?

Wortliste Camping

Anzahlung o sinal u ßĩnal
aufschlagen montar
Bauernhof
a quinta a kinta
Benutzungsgebühr
a taxa de utilização
a tascha de utilisaßaung
Camping
o campismo u kampischmu
Campingausweis
o cartão de campismo
u kartaung de kampischmu
Campingplatz
o parque de campismo
u parke de kampischmu
Ermäßigung
o desconto u deschkontu
Gaskocher o fogão a gás
u fogaung a ga:sch
Grundstück
o terreno u terrenu

Hammer
o martelo u martelu
Herd o fogão u fogaung
Kocher
o fogareiro u fogaräiru
leihen (ver-)
emprestar empreschtar
(ent-) pedir uma coisa
emprestada pedir uma koisa
empreschtada
Leihgebühr
a taxa de empréstimo
a tascha de empréschtimu
Mitgliedskarte
o cartão de membro
u kartaung de membru
Schlafsack
o saco de dormir
u ßaku de dormir
Steckdose a tomada
Stecker a ficha a fischa

Strom (Elektr.)
a corrente a korrente
Stromanschluß
a tomada de corrente
a tomada de korrente
Trinkwasser
a água potável
a ágwa potável
Verlängerungsschnur
a extensão a äischtenßaung
Waschraum
o balneário u balneáriu
Wohnmobil
a caravana a karawana
Wohnwagen
a caravana a karawana
Zelt a tenda
zelten acampar akampar
Zeltplatz
o parque de campismo
u parke de kampischmu

Abreise

Ich reise heute mittag/morgen früh/... ab.
Vou partir hoje ao meio-dia/amanhã de manhã/...
wo partir osche ao mäiu-dia/amanjang de manjang/...

Kann ich mein Gepäck bis 12.00/... Uhr hier lassen?
Posso deixar cá a minha bagagem até ao meio-dia/...? possu däischar ká a minja bagaschäing até ao mäiu-dia/...?

Bestellen Sie mir/uns bitte für morgen 11.00/... Uhr ein Taxi.
Faça o favor de me/nos chamar um táxi para amanhã às onze/... horas. faßa u fawor de me/nusch schamar ung tákßi para amanhang asch onse/... órasch.

Wecken Sie mich/uns bitte um 06.00/... Uhr.
Faça o favor de me/nós acordar às seis/... horas. faßa u fawor de me/ nusch akordar asch ßäisch/... órasch.

Machen Sie mir bitte die Rechnung fertig.
Prepare a conta, se faz favor.
prepare a konta, ße fasch fawor.

Kann ich mit ...-schecks/Kreditkarte/ DM/... bezahlen?
Posso pagar com ...-cheques/cartão de crédito/ DM/...? possu pagar cong ...-scheksch/kartaung de kréditu/markusch/...?

Senden Sie bitte meine Post an diese Adresse nach.
Mande a minha/nossa correspondência para este endereço, faz favor. mande a minja/ nossa korrespondénßia para eschte endereßu, fasch fawor.

Vielen Dank für alles.
Muito obrigado/-a por tudo.
muitu obrigadu/-a pur tudu.

Gastronomie

Gastronomie

i Als Land, das sich schon immer nach dem Meer orientiert hat, zeichnet sich die portugiesische Küche durch eine besondere Vielfalt von Fischgerichten aus. Der „König" der Fische ist hierbei der „Bacalhau" (Kabeljau), von dem Portugiesen behaupten, daß es mehr als 100 Arten der Zubereitung gebe. Aber auch die Tatsache, daß Portugal heute noch überwiegend ein Agrarland ist, macht sich in der Küche bemerkbar. Die portugiesische Küche zeichnet sich durch eine große Ehrlichkeit aus. Man legt Wert auf die Qualität der Zutaten, und ihr Eigengeschmack wird nicht durch andere Zutaten überdeckt. Überall werden Sie hervorragende Weine finden. Eine besondere Erwähnung verdienen die vielen köstlichen Süßspeisen, bei denen man noch den arabischen und den Einfluß der Klosterküchen („Nonnenbäuche", „Himmelsspeck") merkt (viel Zucker und sehr, sehr viele Eier!).

Bezeichnung Portugiesischer lokale und Gaststätten

Café kafä
entspricht in etwa dem deutschen Café

Pasteleria paschtelaria
Konditorei

Café Restaurante kafä rischtaurante
Café, das auch Mahlzeiten serviert

Snack-Bar
Lokal mit Getränken und leichten Snacks

Bar
entspricht der deutschen Bar

Cervejaria ßerwescharia
Bierlokal, in dem häufig auch Meeresfrüchte serviert werden

Tasca taschka
kleines, sehr einfaches Lokal, in dem meistens Wein vom Faß verkauft wird

Reservierung

Können Sie mir/uns ein gutes/preiswertes/... Restaurant empfehlen?
Pode-me/nos recomendar um bom restaurante/com preços em conta/...? pode-me/-nusch rekomendar ung bong rischtaurante/kong preßusch äing konta/...?
Ich möchte einen Tisch für heute abend/... für ... Personen reservieren lassen.
Queria reservar uma mesa para ... pessoas para hoje à noite/... keria reserwar uma mesa para ... pessoasch para ósche a noite/...
Ich möchte einen Tisch am Fenster/auf der Terrasse.
Desejo uma mesa ao pé da janela/no terraço. desäischu uma mesa ao pé da schanela/nu terraßu.
Entschuldigen Sie, ist dieser Stuhl/Tisch noch frei?
Desculpe, este lugar/esta mesa ainda está livre? deschkulpe, eschte lugar/eschta mesa ainda ischtá liwre?
Entschuldigung, wo sind die Toiletten?
Desculpe, onde estão os sanitários? deschkulpe, onde ischtäung usch sanitáriusch?

Bestellung

Herr Ober! Bedienung!
Faz favor! fasch fawor!
Bringen Sie mir/uns bitte die Speisekarte/Weinkarte/ ...
Faz favor, traga-me/nos a ementa/ a lista de vinhos/... fasch fawor, traga-me/nusch a ementa/ a lischta de winjusch/...

Gibt es ein Tagesmenü?
Tem um prato de dia? täing ung pratu de dia?
Haben Sie auch ein Kindermenü/Diätkost?
Tem um prato de criança/de dieta? täing ung pratu de krianßa/de dieta?
Ich nehme das Tagesmenü.
Levo o prato de dia. lewu u pratu de dia.
Was können Sie mir/uns empfehlen?
O que me/nos pode recomendar? u ke me/nusch pode rekomendar?

Als Hauptgericht/Vorspeise nehme ich ...
Como prato principal/entrada levo/tomo... komu pratu prinßipal/entrada lewu/tomu...
Ich möchte ein/-e Glas/Flasche Weißwein/Bier/...
Queria uma garrafa/um copo de vinho branco/cerveja/..., se faz favor. keria uma garrafa/ung kopu de winju branku/ßerwäischa/..., ße fasch fawor.

Bringen Sie mir/uns bitte Wasser/...
Traga-me/-nos água/..., por favor. traga-me/-nusch ágwa/..., pur fawor.

Ich möchte mein Fleisch gut durchgebraten/ohne Soße/...
Queria a carne bem passada/sem molho/... keria a karne bäing passada/ßäing molju/...
Guten Appetit!
Bom apetite! bong apetite!
Kann ich noch etwas Brot/Butter/... bekommen?
Podia trazer mais manteiga/pão/...? pudia traser maisch mantäiga/paung/...?
Ich möchte gerne ein/-en Dessert/Kaffee/...
Queria uma sobremesa/um café/... keria uma ßobremesa/ung kafé/...

Beanstandungen

Das Essen ist kalt/zu fett/...	A comida está fria/muito gorda/gordurosa/... a komida ischtá fria/muitu gorda/gordurosa/...
Das Fleisch ist zäh/...	A carne é rija/... a karne é riescha/...
Der Fisch ist nicht frisch.	O peixe não é fresco. u päische naung ä freschku.
Das kann ich nicht essen.	Não posso comer isto. naung possu komer ischto.
Hier fehlt ein/-e Messer/Gabel/ Serviette/...	Falta aqui uma faca/um garfo/um guardanapo/... falta akie uma faka/ ung garfu/ ung guardanapu/...
Das scheint mir nicht zu stimmen.	Parece-me que não está certo. pareße-me ke naung ischtá ßertu.
Das habe ich nicht bestellt.	Não pedi isto. naung pedie ischtu.
Ich wollte ...	Queria ... keria ...
Nehmen Sie das bitte zurück.	Devolva isso, se faz favor. dewolwa issu, ße fasch fawor.
Holen Sie bitte den Chef.	Faça favor de chamar o cozinheiro. faßa u fawor de schamar u kusinjäiru.

Rechnung

Bezahlen bitte.	Traga-me a conta, faz favor. traga-me a konta, fasch fawor.
Ich zahle alles zusammen.	Pago tudo junto. pagu tudu schuntu.
Wir möchten getrennt zahlen.	Queria pagar a conta seperada. keria pagar a konta ßeparada.
Das habe ich nicht gehabt.	Isso não pedi. issu naung pedie.
Die Rechnung scheint mir nicht zu stimmen.	Parece-me que a conta não está certa. pareße-me ke a konta naung ischtá ßerta.
Danke, der Rest ist für Sie.	Pode ficar com o troco. pode fikar kong u troku.

Gemeinsam essen

Guten Appetit!	Bom proveito! bong prowäitu! Bom apetite! bong apetite!
Das schmeckt sehr gut.	Sabe/ é muito bom. ßabe/é muitu bong.
Darf ich Dir/Ihnen hiervon/... reichen?	Quer/-es mais um pouco disto/...? ker/-esch maisch ung poku dischtu/...?
Danke, im Moment nicht.	Não, obrigado/-a, de momento não. naung, obrigadu/-a, de momentu naung.
Danke, ich bin satt.	Obrigado/-a, já estou servido/-a. obrigadu/-a, schá ischtó ßerwidu/-a.
Können Sie mir bitte davon/... reichen?	Podia dar-me mais um pouco de ...? pudia-me dar maisch ung poku de ...?
Ich möchte keinen Alkohol.	Obrigado/-a, não bebo alcohol. obrigadu/-a, naung bebu alkohol.
Darf ich rauchen?	Dá-me liçença que fumo? dá-me lißenßa ke fumu?
Das Essen war ausgezeichnet.	A comida estava excelente. a komida ischtava eschßelente.
Vielen Dank für die Einladung.	Muito obrigado/-a pelo seu convite. muitu obrigadu/-a pelu ßeu konwite.

Wortliste Restaurant

Abendessen
o jantar u schantar
alkoholfrei
sem alcohol ßaing alkohol
Aschenbecher
o cinzeiro u ßinsäiru
Bedienung
o serviço u ßerwißu,
o empregado de mesa
u empregadu de mesa
Besteck o talher u taljer
Bestellung
o pedido u pedidu
bezahlen pagar
Brot o pão u paung
Butter
a manteiga a mantäiga
Dessert
a sobremesa a ßobremesa
Diätkost a dieta a diéta
Dressing
o molho de salada
u molju de ßalada
durchgebraten
bem passado bäing passadu
empfehlen
recomendar rekomendar
essen comer kumer
Essig
o vinagre u winagre
fettig
gordo górdu,
gorduroso gordurosu
Fisch o peixe u päische
Fleisch a carne a karne
frisch fresco/-a freschku/-a
Frühstück
o pequeno-almoço
u pekenu-almoßu
Gabel o garfo u garfu
gebacken
(Ofen) assado assadu
gebraten
(Ofen) assado assadu
(Pfanne) frito fritu

gedämpft
estufado ischtufadu
Gedeck o talher u taljer
gedünstet
estufado ischtufadu
Geflügel
as aves asch awesch
gefüllt
recheado rescheadu
gekocht cozido kusidu
Gemüse
a hortaliça a órtalißa,
as legumes asch legumesch
as verduras asch werdurasch
geräuchert fumado fumadu
geröstet corado koradu
Getränk a bebida
Getränkekarte
a lista de bebidas
a lischta de bebidasch
getrennt seperado ßeperadu
gewürzt
temperado temperadu
Glas o copo u kopu
Hauptgericht
o prato principal
u pratu prinßipal
Hunger haben ter fome
kalt frio friu
Karaffe a jarra a scharra
Kartoffeln
as batatas asch batatasch
Kellner/in
o /a empregado/-a (de mesa)
u/a empregadu/-a (de mesa)
Kindermenü
o prato u pratu,
o menu de criança
u menu de krianßa
Löffel a colher a kuljer
Messer a faca a faka
Mittagessen
o almoço o almoßu
Obst a fruta a fruta
Pfeffer a pimenta

Portion a dose
probieren experimentar
äischperimentar
Rechnung
a conta a konta,
a factura a fatura
Restaurant
o restaurante u rischtaurante
saftig
suculento ßukulentu
Salat a salada a ßalada
Salz o sal u ßal
sauer
acido aßidu, azedo asedu
scharf picante pikante
schmackhaft
saboroso ßaborosu
Serviette
o guardanapo u guardanapu
Soße o molho u molju
Speisekarte a ementa
Tagesmenü
o prato u pratu,
o menu de dia u menu de dia
Tasse
a chavena a schawena
Teller o prato u pratu
Tischdecke a toalha a toalja
trinken beber
Trinkgeld
a gorjeta a gorscheta
Vorspeise
a entrada a entrada
warm quente kente
weich mole móle
Weinkarte
a lista de vinhos
a lischta dos winjusch
Wild a caça a kaßa
zäh duro duru, rijo rischu
Zahnstocher
o palito u palitu
zart tenro tenru
Zucker o açucar u aßucar
zusammen junto schuntu

Speisekarte

Salate

Salada de alface
ßalada de alfaße
grüner Salat

Salada mista
ßalada mischta
gemischter Salat

Salada de tomate
ßalada de tomate
Tomatensalat

Salada russa
ßalada russa
Russisch Ei

Salada de atum
ßalada de atung
Thunfischsalat

salada de feijão branco/feijão frade
ßalada de fäischaung branku/fäischaung frade
Bohnensalat

Vorspeisen

Alcachofas recheadas
alkaschofasch rescheadasch
gefüllte Artischocken

Beringelas Recheadas
berinschelasch rescheadasch
Gefüllte Auberginen

Melaung cong Presuntu
melão com presunto
Melone mit Schinken

empadinhas de galinha
äingpadinjasch de galinja
Hühnerpastetchen

Croquetes de carne
krokettesch de karne
Fleischkroketten

Rissóis de Carne/Peixe/Camarão
rissoisch de karne/päische/kamaraung
Teigtaschen mit Fleisch/ Fisch/ Krabben

Chouriço grelhado
schurißu greljadu
Gegrilltes Mettwürstchen

Ameijoas com Limão
amäischoasch cong limaung
Miesmuscheln mit Zitrone

Vieiras à antiga
wiäirasch a antiga
Überbackene Jakobsmuscheln

Suppe

Sopa de Cozido ßopa de kusidu
Suppe aus Fleisch-und Gemüsebrühe
mit Fleisch, Kohl, Möhren, weißen
Bohnen und Makkaroni

Canja kanscha
Hühnerbrühe
mit Fleisch und Reis oder Nudeln

Açorda à Alentejana
aßorda a alenteschana
**Suppe aus Brot, Olivenöl, Knoblauch
und Kräutern** mit pochierten Eiern

Caldo Verde kaldu werde
Grünkohlsuppe mit Kartoffeln

Sopa de Marisco ßopa de marischku
Suppe aus Meeresfrüchten

Gaspacho à Alentejana
gaschpaschu a alentschana
**Kalte Suppe aus Tomaten, Paprika
und Gurke**

Sopa/Creme de Legumes
ßopa/ kräme de Legumesch
Passierte Gemüsesuppe

Sopa de Agriões ßopa de agrieungsch
Brunnenkressesuppe

Sopa de Grão ßopa de graung
Kichererbsensuppe

Sopa à Pescador ßopa de peschkador
Fischsuppe

Fleischgerichte/Schweinefleisch

Carne de Porco em Vinha-d´Alhos
karne de porku äing winha d´alhusch
**Geschmortes in Wein und Knoblauch
mariniertes Schweinefleisch**

Entrecosto Grelhado
entrekoschtu greljadu
Gegrillte Rippchen

Bife de Porco/Bifana grelhado/-a
bife de porko/bifana greljadu/-a
gegrilltes Schweineschnitzel

Costeleta de Porco
kuschteleta de porku
Schweinekottelett

Escalope a Milanesa
eschkalope a milane:sa
Wiener Schnitzel

Lombo de Porco assado
lombu de porku assadu
Gebratenes Schweinefilet

Iscas ischkasch
Gebratene Leber

Carne de Porco à Alentejana
karne de porku a alenteschana
**Geschmortes Schweinefleisch mit
Muscheln**

Cozido à Portuguesa
kusiedu a purtuge:sa
Fleisch- und Gemüseeintopf

Leitão läitaung
Im Brotbackofen gebratenes Spanferkel

Tripas à Moda do Porto
tripasch a môda du portu
Kaldauneneintopf

Feijoada à Portuguesa
fäischoada a purtugesa
**Bohneneintopf mit Fleisch- und
Wursteinlage**

Rind und Kalb

Bife com ovo a Cavalo
bife cong ovu a kawalu
Steak mit Spiegelei und Soße

Língua de Vaca/Vitela estufada
língua de waka/witela ischtufada
geschmorte Ochsen- oder Kalbszunge

Bife
dünnes Steak

Carne de Vaca/Vitela assada/estufada
karne de waca/ witela assada/ischtufada
Gebratenes/ geschmortes Rind- oder Kalbfleisch mit Soße

Lamm und Ziege

Ensopado de Borrego/Cabrito
enßopadu de borregu/kabritu
mit Gemüse und Kartoffeln geschmortes Schaf- oder Ziegenlamm

Cabrito assado   kabritu assadu
im Backofen gebratenes Zicklein

Chanfana   schanfana
geschmortes Ziegenfleisch, das zuvor in Rotwein mariniert wurde

Wild/Geflügel

Coelho à Caçador   koelju a kaßador
Kaninchenpfeffer

Frango no Churrasco
frangu nu schurraschku
gegrilltes Hähnchen

Frango assado   frangu assadu
im Backofen gebratenes Hähnchen

Frango na Púcara   frangu na púkara
im Tontopf mit Tomaten, Knoblauch und Zwiebeln geschmortes Hähnchen

Perdiz estufado/assado
perdiesch ischtufadu/assadu
Geschmorte/ gebratene Wachtel

Cabidela de Galinha/ Peru/ Frango
kabidéla de Galinja/Peru/Frangu
Geschmortes Huhn/ Pute/ Hähnchen; mit Zwiebeln und Blut; meistens mit Reis

Peru assado   perú assadu
gebratene Pute

Bifes de Peru   bifesch de perú
Putenschnitzel

Arroz de Pato à Moda de Braga
arro:sch de patu a móda de braga
Gebratene Ente mit Schinkenreis

Peru recheado   perú rescheadu
gefüllte Pute

Fisch

Bacalhau à Trás-os-Montes
bakaljau a trasuschmontesch
Stockfisch im Ofen gegart, mit Schinken, Tomaten und Zwiebeln

Bacalhau à Gomes de Sá
bakaljau a gómes de ßá
Stockfisch im Ofen gebacken, mit Kartoffeln, Ei und Oliven

Bacalhau à Casa bakaljau a kasa
Stockfisch nach Art des Hauses

Bacalhau à Brás bakaljau a brásch
**In der Pfanne zubereiteter
Stockfisch, mit feingehackten
Zwiebeln, feingeraspelten fritierten
Kartoffeln und Rührei und mit
gehackter Petersilie bestreut**

Bacalhau cozido com Grão e Batatas
bakaljau kusidu cong graung i batatasch
**Gekochter Stockfisch mit
Kichererbsen und Salzkartoffeln**

Linguado grelhado/frito
linguadu greljadu/ fritu
gegrillte/ gebratene Seezunge

Pescada cozida/ frita
peschkada kusida/ frita
Gekochter/ fritierter Seehecht

Sardinhas/ Carapaus grelhados
ßardinjasch/ karapausch greljadusch
Gegrillte Sardinen/ Meeresstichlinge

Caldeirada kaldäirada
Fischeintopf

Lulas recheadas
lulasch rescheadasch
gefüllte Kalmares

Chocos com Tinta
schokusch kong tinta
Tintenfisch mit Tinte

Meeresfrüchte

Amêijoas à casa/ao natural/na cataplana
amäischoasch a kasa/ao natural/na kataplana
**Muscheln nach Art des Hauses/natur/mit
Tomaten, Zwiebeln/Paprika und Schinken
und Wurst in der Cataplana (eine Art
Dampfkochtopf) zubereitet**

Lavagante lawagante
Hummer

Gambas gambasch
Garnelen

Camarões kamreungsch
Krabben

Reisgerichte

Arroz de Polvo
arro:sch de polwu
**Reis mit Krake; der Reis wird mit
dem Kochwasser der Krake gekocht**

Arroz de Marisco
arro:sch de marischku
Reis mit Meeresfrüchten

Arroz de Tamboril
arro:sch de tamboril
Reis mit Seeteufel

Arroz de Ervilhas
arro:sch de erwiljasch
Reis mit Erbsen

Arroz de Tomate/ Arroz Malandro
arro:sch de tomate/arro:sch malandru
Pikanter Tomatenreis

Arroz de Alhos
arro:sch de aljusch
Reis mit Knoblauch

Gemüsebeilagen

Esparregado de Nabiças/ Espinafres
ischparregadu de nabißasch/
eschpinafresch
**feingehackte Blätter des Stielmus
oder des Spinats mit Knoblauch,
Olivenöl und Essig gewürzt und mit
Mehl gebunden.**

Grelos grelusch
gekochte Kohlsprossen

Brocolos brokolusch
Brokkoli

Couve-Flôr kowe-flor
Blumenkohl

Cogumelos kogumelusch
Pilze

Espargos eschpargusch
Spargel

Feijão verde cozido
fäischaung werde kusiedu
Gekochte grüne Bohnen

Eispeisen

Ovo cozido owu kusidu
Gekochtes Ei

Ovos mexidos owusch meschiedusch
Rühreier

Ovo estrelado ovu ischtreladu
Spiegelei

Omeleta com Gambas
omleta kong gambasch
Omelett mit Garnelen

Omeleta com Presunto
omleta kong presuntu
Omelett mit Schinken

Omeleta com Cogumelos
omleta kong kogumelusch
Omelett mit Pilzen

Omeleta com Chouriço
omleta kong schurißu
Omelett mit Paprikawurst

Fische und andere Seetiere

Aal
enguia engia
Austern
ostras oschtrasch
Bonito
bonito bonitu
Franzosendorsch
faneca fanêka
Forelle
truta
truta

Krake
Polvo polwu
Krebs
carangeijo karangäischu
Lachs
salmão ßalmaung
Makrele
cavala kawala
Meeräsche
tainha
tainja

Sardinen
sardinhas ßardinjasch
Scholle
solha ßolja
Schwertfisch
peixe espada päische ischpada
Seebarsch
pargo pargu
Seefisch
peixe de água salgada
päische de ágwa ßalgada

Garnele
gamba
gamba
Hummer
lagosta lagoschta
Kabeljau
bacalhau fresco
bakaljau freschku
Karpfen
carpa karpa
Kaviar
caviar kawiar
Knurrhahn
ruivo ruiwu

Miesmuscheln
mexilhões
meschiljeungsch
Venusmuscheln
amâijoas amäischoasch
Herzmuscheln
berbigões
berbigeungsch
Jakobsmuscheln
vieiras wiäirasch
Rotbarsch
garoupa garopa
Sardelle biqueirão bikäiraung.
anchova anschowa

Seezunge
linguado
linguadu
Steinbutt
rodovalho rodowalju
Stockfisch
bacalhau
bakaljau
Stöcker
carapau karapau
Taschenkrebs
santola ßantola
Thunfisch
atum atung

Süßspeisen

Mousse de Chocolate
musse de schokolate
Mousse au chocolat

Pudim Flan
puding flan
Karamelpudding

Pudim Molotov
puding molotow
Eischnee mit Karamelsoße

Toucinho de Céu
toßinju de ßéu
Süßspeise aus Eiern, Mandeln und Zucker

Farófias farófiasch
Süßspeise aus in gezuckerter Milch gekochtem Baiser

Papos de Anjo
papusch de anschusch
Eierkuchen mit Sirup

Arroz Doce arro:sch doße
Milchreis

Salada de Frutas
ßalada de frutasch
Obstsalat

Pastéis de Nata
Paschtäisch de nata
Sahneküchlein

Queijada käischada
Käsetörtchen

Tarte de Amândoa
tarte de améndoa
Mandelkuchen

Getränkekarte

Warme Getränke

Kaffee
café kafä

schwarzer Kaffee
bica bika

verdünnter Expresso
carioca
karioka

kleiner Kaffee mit Milch
garoto garotu

Milchkaffee im Glas
galão galaung

Milchkaffee
café com leite kafä cong läite

Kaffee mit/mit wenig/ohne Zucker
café com/com pouco/sem açucar
kafä kong/kong poku/ßäing aßukar

Schokolade
chocolate schokolate

Tee
chá schá

Alkoholfreie Getränke

Apfelsaft
sumo de maçã
ßuma de maßang
Brauselimonade gasosa
Fruchtsaft
sumo de fruta
ßumo de fruta
Joghurt iogurte jogurte
Kirschsaft
sumo de cereja
ßumo de ßeräischa
Limonade limonada

Mineralwasser
água mineral (com/sem gás - mit/ohne Kohlensäure)
ägwa mineral (kong/ßäing gásch)
Obstsaft
sumo de fruta
ßumo de fruta
Orangensaft
sumo de laranja
ßumo de laranscha

Tomatensaft
sumo de tomate
ßumu de tomate
Traubensaft
sumo de uva
ßumu de uwa
Wasser
água
ágwa

Alkoholische Getränke

Aperitif
aperitivo aperitiwu
Bier
cerveja ßerwäischa
Champagner
champagne schampanje
Cocktail
coquetel koketel
Gin gin schin
Kognak conhaque konjak

Likör licor likor
Roséwein
vinho rosé wínju rosé
Rotwein
vinho tinto wínju tintu
Rum rum
Sekt
espumante ischpumante
Wein
vinho winju

normaler Wein
(Im Gegensatz zu "vinho verde")
vinho maduro
winju maduru
Weißwein
vinho branco
winju branku
Whisky whisky wischki
Wodka vodga wodga

Einkaufen

Einkaufen

> Trotz der Modernisierung des Lebens ist in Portugal das alte Kunsthandwerk noch nicht ausgestorben. Die Portugiesen selbst wissen nach wie vor Decken aus handgewebtem Leinen (Norden) oder Leinendecken mit Lochstickerei aus Madeira zu schätzen. Auch das Töpferhandwerk ist in Portugal noch sehr lebendig und bringt neben dem berühmten Hahn von Barcelos sehr schöne Gebrauchsgegenstände hervor. Ein anderes Wahrzeichen Portugals sind seine Kacheln. Der Norden Portugals ist für seine Goldschmiedekunst und Filigranarbeiten berühmt. Dort finden Sie sehr hübsche Schmuckstücke aus Gold und Silber.

Beschreibung von Gegenständen (Wortliste)

alt
velho welju,
antigo antigu
angenehm
agradável agradáwel
ausgezeichnet
excelente äischßelente
beige bege besche
billig (preiswert)
barato baratu,
em conta äing konta
bitter
amargo amargu
blau azul asul
braun
castanho kaschtanju
bunt
colorido koloridu
dreckig
sujo ßuschu
dunkel
escuro ischkuru
einfarbig
(Stoff)
liso lisu,
monocromo monokromu

farbig
colorido koloridu
gelb amarelo amarelu
gemustert
estampado eschtampadu
gestreift
às riscas as rischkasch
grau cinzento ßinsentu
groß grande
grün verde werde
gut bom bong
hart
duro duru, rijo rieschu
heiß quente kente
hell claro klaru
hübsch
bonito bonitu,
(umgangssprachlich)
giro schieru
interessant interessante
kalt frio friu
kariert
xadrez schadre:sch
klein pequeno pekenu
kurz curto kurtu
lang comprido kumpridu

langsam lentamente
leicht leve lewe
neu novo nóvu
orange côr de laranja
kor de laranscha
rosa
côr de rosa kor de rósa
rot vermelho wermeliu
sauber limpo limpu
sauer aze:do ase:du
schlecht mal mal
schnell rápido rapidu
schön belo belu
schwach fraco fraku
schwarz preto pretu
schwer pesado pesadu
stark forte forte
süß doce doße
teuer caro karu
unangenehm
desagradável
desagradáwel
warm quente kente
weich (Stoff)
mole móle, macio maßiu
weiß branco branku

Allgemeines

Können Sie mir/uns ein Geschäft für ... empfehlen?	Podia recomendar-me/-nos uma loja de...? pudia rekomendar-me/-nusch uma loscha de...?
Um wieviel Uhr schließen/öffnen die Geschäfte?	A que horas fecham/abrem as lojas? a ke órasch fäischang /abräing asch loschasch?
Ich möchte mich einmal umsehen.	Queria dar uma vista de olhos/uma olhadela. keria dar uma wischta de óljusch/uma oljadela.
Wieviel kostet es?	Quanto custa/é? kwantu kuschta/ä?
Wieviel kostet das Kilo/Stück/der Meter?	Quanto custa/é o quilo/a peça/o metro? kwantu kuschta/é u kilu/a peßa/u metru?
Was ist Ihr letzter Preis?	Qual é o seu último preço? kwal é u seu últimu preßu?
Geben Sie mir bitte ...	Dê-me ..., por favor. dé-me ..., pur fawor.
Das gefällt mir nicht. Ich nehme es nicht.	Não gosto disso. naung goschtu dissu. Não levo. naung levu.
Können Sie mir bitte etwas Preisgünstigeres/anderes geben?	Podia dar-me outro/outro mais em conta? pudia dar-me otru/otru maisch äing konta?
Das gefällt mir. Ich nehme es.	Gosto disso. goschtu dissu. Levo-o. lewu-u.
Ich muß es mir noch einmal überlegen.	Vou pensar. wo penßar.
Ich möchte das umtauschen/zurückgeben.	Queria trocar/devolver isto. keria trokar/dewolwer ischtu.
Können Sie es mir als Geschenk einpacken?	Podia embrulhar-me isto como presente, por favor? pudia äingbrulhar-me ischtu komu presente, pur fawor?
Können Sie es an meine Adresse/... senden?	Podia mandá-lo para o meu endereço/..., faz favor? pudia mandá-lu para u meu endereßu/..., fasch fawor?

Wortliste Allgemeines

Antiquitätengeschäft
a loja de antiguidades a loscha de antigwidadesch
Apotheke
a farmácia a farmáßia
Bäckerei
a padaria a padaria
Blumengeschäft
o florista u florischta
Boutique
a boutique a boutike
Buchhandlung
a livraria a liwraria
Dose a lata

Drogerie
a drogaria a drogaria
einkaufen fazer compras faser komprasch, ir às compras ir asch komprasch
einpacken
embrulhar äingbruljar
empfehlen
recomendar rekomendar
Fischgeschäft
a peixaria a päischaria
Flasche a garrafa a garrafa
Flohmarkt a feira de ladra a fäira de ladra

Fotogeschäft
loja de artigos fotográficos loscha de artigusch fotográfikusch
Friseur
o cabeleireiro u kabeleräiru
gefallen gostar de goschtar de
Gemüsehändler (Person)
o vendedor de hortaliça u wendedor de órtalißa
(Laden) a frutaria a frutaria
Geschäft a loja a loscha
Größe
o tamanho u tamanju
handeln negociar negóßiar

Juwelier
o joalheiro u jualjäiru
Kaufhaus
o armazem u armasäing
Kilo o quilo u kílu
Konditorei
a pastelaria a paschteleria
kosten custar kuschtar
Kunsthändler
o comerciante de artigos de arte u komerßiante de artigusch de arte
Lebensmittelgeschäft
a mercearia a merßearia
Lederwarengeschäft
a loja de artigos de couro a loscha de artigusch de koru
liefern fornecer fornesser
Meter o metro u metru
Metzgerei o talho u talju
Obsthändler (Person)
o vendedor de fruta, u wendedor de fruta
(Laden) a frutaria a frutaria
Optiker
o óptico u óptiku,
o oculista u okulischta
Packung
o pacote u pakote

Parfümerie
a perfumaria
a perfumaria
Preis
o preço u preßu
preiswert
em conta äing konta
Reinigung
(chemische Reinigung)
a limpeza a limpesa,
a limpeza à seco
a limpesa a ßeku
Schneider
(Herrenbekleidung)
o alfaiate u alfaiate,
(Damenbekleidung)
a modista a modischta
Schreibwarengeschäft
a papelaria a papelaria
Schuhgeschäft
a sapataria a ßapataria
Schuhmacher
o sapateiro u ßapatäiru
Spielwarengeschäft
a loja de brinquedos
a lóscha de brinkedusch
Souvenirladen
a loja de lembranças
a loscha de lembranßasch

Sportgeschäft
a loja de artigos desportivos
a loscha de artigusch deschportiwusch
Stück a peça a peßa
Süßwarengeschäft
a doçaria a doßeria
Supermarkt
o supermercado
u supermerkadu
Tabakladen
a tabacaria a tabakaria
Teppichladen
a loja de carpetes
a loscha de karpetesch
teuer caro karu
Tüte o saco u ßaku
umsehen
dar uma vista de olhos/
dar uma wischta de oljusch
dar uma olhadela
dar uma oljadela
Weinhandlung
o armazém de vinhos
u armasäing de wļnjusch
Zeitungshändler
o vendedor de jornais
u wendedor de schornaisch

Bezahlen

i **Ermäßigung**

Studenten erhalten Ermäßigungen auf die regulären Eintrittspreise bei Konzert- und Museumsbesuchen.

Kann ich mit ...-Scheck/Kreditkarte/ DM/... bezahlen?

Posso pagar com ...- cheque/cartão de crédito/ Marcos/...? possu pagar cong ...-scheck/kartaung de kréditu/markusch/...?

Sie haben mir/uns falsch herausgegeben.
Ich möchte mein Geld zurück.

Deu-me/-nos o troco errado.
deu-me/-nusch u troko erradu.
Quero o meu dinheiro de volta.
keru u meu dinjäiru de wolta.

Geben Sie mir/uns bitte eine Rechnung/Quittung.

Dê-me/-nos uma factura/um recibo, por favor.
dé-me/-nusch uma fatura/ung reßibu, pur fawor.

Wortliste Bezahlen

Barzahlung
o pagamento em dinheiro
u pagamentu äing dinjäiru
bezahlen pagar
billig barato baratu,
(euphemistisch:)
em conta äing konta
Ermäßigung
desconto dischkonto
falsch errado erradu
Geld o dinheiro u dinjäiru
Kasse a caixa a kaischa
Kassenzettel
o recibo u reßibu

Kassierer/-in
o caixa (m.+ f.) u kaischa
kosten custar kuschtar
Kreditkarte
cartão de crédito
kartaung de kréditu
Mehrwertsteuer IVA
(Imposto do Valor
Acrescentado) IWA
(imposchtu du walor
akreschßentadu)
preiswert
em conta äing konta

Preiszuschlag
a taxa adicional
a tascha adißional
Quittung o recibo u reßibu
Rabatt
o desconto u deschkontu
Rechnung a factura a fatura
Scheck o cheque u scheck
Sonderangebot
a oferta a oferta (im-) em
promoção äing promoßaung
teuer caro karu
Vorauszahlung
a prestação a preschtaßaung

Nahrungsmittel

Geben Sie mir bitte ein/-e/-en Kilo
Äpfel/Flasche Milch/...

Dê-me um quilo de maçãs/uma garrafa de leite/...,
por favor. dê-me ung kilo de maßangsch/uma
garrafa de läite/..., pur fawor.

Darf ich davon/... etwas probieren?
Etwas weniger/mehr bitte.

Posso provar disso/...? possu prowar dissu/...?
Um pouco mais/menos, por favor.
ung pocu maisch/menusch, pur fawor.

Wortliste Nahrungsmittel

Apfel
a maçã a maßang
Apfelsaft
o sumo de maçang
u sumu de maßang
Apfelsine
a laranja a laranscha
Aprikose
o alperce u alperße
Artischocken
alcachofras alkaschofrasch
Aubergine
berinjela berinschela
Banane banana
Bier cerveja ßerwäischa
Birne pera pera

Bohne
feijão u fäischaung
Brot pão paung
Brötchen
pãozinho paungsinju,
carcaça karkaßa,
papo-seco papu-seku
Butter
manteiga mantäiga
Datteln
tâmaras támarasch
Eier ovos ówusch
Eis
gelado scheladu
Erbsen
ervilhas erwiljasch

Erdbeeren
morangos morangusch
Essig vinagre winagre
Feige figo figu
Fisch peixe päische
Fleisch carne karne
frisch fresco freschku
Gebäck
pastelaria paschtelaria
Gemüse
hortaliça ortalißa,
legumes legumesch,
verduras werdurasch
Granatapfel
romã romang
Gurke pepino pepinu

Hackfleisch
carne picada
karne pikada
Hähnchen
frango frangu
Hammelfleisch
carneiro karnäiru
Haselnüsse
avelãs awelangsch
Honig mel
Honigmelone
melão melaung
Kaffee café kafá
Kakao cacau kakau
Kalbfleisch
vitela witela
Kastanien
castanhas
kaschtanjasch
Käse
queijo käischu
Kartoffeln
batatas batatasch
Kekse bolachas
bolaschasch
Kichererbsen
grão de bico
graung de biku
Kirsche
cerejag ßereschasch
Knoblauch
alho alju
Kohl couve kowe
Konserven
conserva konßerwa
Kotelett costeleta
kuschteleta
Kuchen bolo bolu
Kürbis abóbora
Lammfleisch
borrego borregu
Lauch
alho francês
alju franßésch

Limonade limonada
Linsen
lentilhas lentiljasch
Mais milho milju
Mandarine
tangerina tanscherina
Mandeln
amêndoas améndoasch
Margarine margarina
Marmelade doce doße
Mehl farinha farinja
Melone melão melaung
Milch leite läite
Mineralwasser
água mineral ágwa mineral
Möhren
cenouras ßenorasch
Obstsaft
sumo de frutas
ßumu de frutasch
Nudeln massas massasch
Obst fruta fruta
Öl óleo oleu
Oliven
azeitonas asäitonasch
Olivenöl azeite asäite
Orange laranja laranscha
Orangensaft
sumo de laranja
ßumu de laranscha
Paprika
pimentão pimentaung,
colorau koloraung
Paprikaschote
pimento pimentu
Peperoni piri
Petersilie salsa ßalßa
Pfeffer pimenta pimenta
Pfirsich pêssêgo pességu
Pflaume ameixa amäischa
Pilze
cogumelos kogumelusch
probieren provar prowar
Quitte marmelo marmelu

Reis arroz arro:sch
Rettich rábano rábanu
Rindfleisch
carne de vaca karne de waka
Rosinen passas passasch
Sahne natas natasch
Salami salame ßalame
Salat salada ßalada
Salz sal ßal
Saubohnen favas fawasch
Sauerkirschen
ginja schinscha
Schafskäse
queijo de ovelha
käischu de owelja
Schokolade
chocolate schokolate
Schweinefleisch
carne de porco
karne de porku
Senf mostarda moschtarda
Spinat
espinafres eschpinafresch
Suppe sopa ßopa
Süßstoff
sacarina ßakarina
Spargel
espargos eschpargusch
Tee chá schá
Toast tosta toschta
Tomate tomate
Wassermelone
melão melaung
Weintrauben
uvas uwasch
Wurst carnes frias
karnesch friasch
Würstchen
salsicha ßalßischa
Zitrone limão limaung
Zucchini
abobrinha aboborinja
Zucker açucar aßukar
Zwiebel cebola ßebola

Haushaltsartikel

Haben Sie Abfallbeutel/Batterien/...? Tem sacos para o lixo/pilhas/...?
täing ßakusch para u lischu/piljasch/...?

Geben Sie mir bitte ein/-e/-en Spültuch/... Dê-me um pano para lavar a loiça/..., por favor.
dê-me ung panu para lawar a loißa/..., pur fawor.

Wortliste Haushalt

Abfallbeutel
saco de lixo ßaku de lischu
Adapter
adaptador adaptador
Alufolie
folha de aluminio
folja de aluminiu
Batterie pilha pilja
Besen vassoura wassora
Bindfaden corda korda
Brennspiritus
alcohol alkohol
Bügeleisen ferro de passar
ferru de passar,
engomar engomar
Dosenöffner
abre-latas abre-latasch
Eimer balde balde
Feuerzeug
isqueiro ischkäiru
Flaschenöffner
abre-cápsulas
abre-kápßulasch
Gabel garfo garfu
Glas copo kopu
Glühbirne
lámpada lámpada
Grill grelha grelja
Grillanzünder
acendedor de carvão vegetal
aßendedor de karwaung
weschetal
Grillkohle carvão vegetal
karwaung weschetal

Handfeger
vassoura de mão
wassora de maung
Insektenspray
insecticída inßektißida
Kerzen velas welasch
Korkenzieher
saca-rolhas ßaka-roljasch
Küchenpapier
papel de cozinha
papel de kusinja
Kühltasche
geleira scheläira
Löffel colher koljer
Messer faca faka
Nähgarn linha linja
Nähnadel agulha agulja
Pfanne
frigideira frischidäira
Plastikbeutel
saco de plástico
ßaku de pláschtiku
Regenschirm
chapeu de chuva
schapéu de schuwa
Schere tesoura tesora
Schrubber escova
ischkowa
Schüssel
bacia baßia, tigela tischela
Schwamm
esponja eschponscha
Servietten guarda-napos
guarda-napusch

Spülbürste
escova de loiça
ischkowa de loißa
Spülmittel
detergente de loiça
deterschente de loißa
Spültuch
pano de lavar a loiça
panu de lawar a loißa
Streichhölzer
fósforos foschforusch
Taschenlampe
lâmpada de bolso
lámpada de bolßu
Tasse chavena schawena
Teller prato pratu
Thermosflasche
termo termu
Topf
panela panela, tacho taschu
Tüte saco ßaku
Verlängerungsschnur
extensão äischtenßaung
Wäscheklammern
molas mólasch
Wäscheleine
corda para a roupa
korda para a roupa
Waschmittel
detergente de roupa
deterschente de ropa
Wischlappen
pano de limpeza
panu de limpesa

Kleidung

> Für die Tageshitze im Sommer ist leichte, weite Baumwollkleidung am besten geeignet. Festes Schuhwerk ist empfehlenswert für Besichtigungstouren und Exkursionen. Im Frühjahr kommt es oft noch zu großen Temperaturstürzen, auch kann es abends noch recht frisch werden. Daher sollten ein Pullover oder eine Strickjacke im Reisegepäck nicht fehlen.

Ich habe Konfektionsgröße 48/...	Visto o tamhanho 48/... wischtu u tamanju kurenta i oitu/...
Ich suche etwas Passendes hierzu.	Procuro algo que condiz com isso. prokuru algu ke kondisch cong issu.
Kann ich es anprobieren?	Posso prová-lo/-la? possu prowa-lu/-la?
Das ist mir zu groß/klein/...	É grande/pequeno demais/... é grande/pekenu demaisch/...
Haben Sie das noch in einer anderen Farbe/...?	Tem o mesmo noutra cor/...? täing u meschmu notra kor/...?
Das gefällt mir.	Gosto disto. goschtu dissu.
Ich kaufe es.	Vou comprá-lo/-la. wo comprá-lu/-la.
Können Sie mir das ändern?	Podia modificar isto? pudia modifikar ischtu?

Reinigung

Ich möchte die Hose/... reinigen/ bügeln lassen.	Queria mandar limpar/passar esta calça/... keria mandar limpar/passar eschta kalßa/...
Können Sie diesen Fleck entfernen?	Podia tirar a nódoa? pudia tirar a nódoa?
Wann kann ich die Sachen abholen?	Quando posso vir buscar as coisas? kwandu possu wir buschkar asch koisasch?

Wortliste Kleidung/Reinigung

Abendkleid
vestido de noite
weschtidu de noite
Anorak anoraque anorak
anprobieren
provar prowar
Anzug fato fatu
Badeanzug
fato de banho fatu de banju

Badehose calção de banho
kalßaung de banju
Bademantel
o ropão (de banho)
u ropaung (de banju)
Bademütze a toca de banho
a toka de banju
Bikini biquíni bikini
Blazer blazer

Bluse blusa
bügeln passar (à ferro)
passar (à ferru)
Büstenhalter soutien
Farbe cor kor
Futter forro forru
Größe tamanho tamanju
Gürtel cinto ßintu
Halstuch lenço lenßu

Drogerieartikel

Ich möchte eine Zahnbürste/... kaufen.
Haben Sie eine Nagelschere/...?

Queria comprar uma escova de dentes/...
keria komprar uma ischkowa de dentesch/...
Tem uma tesoura para cortar unhas/...?
täing uma tesora para kortar unjasch/...?

Wortliste Drogerieartikel

Bürste
escova ischkowa
Creme
creme kräme
Damenbinde penso
higénico
penßu ischéniku
Deodorant
desodorizante
desodorisante
Duschgel
gel de banho
schel de banju
Haarspray
laca de cabelo
laka de kabelu
Handtuch
toalha toalja
Hautcreme
creme kräme
Kamm
pente pente
Lippenstift
baton baton
Nagelfeile
lima de unhas
lima de unjasch
Nagellack
verniz para unhas
verniesch para unjasch
Nagellackentferner
acetona
aßetona

Nagelschere
tesoura para cortar unhas
tesora para kortar unjasch
Papiertaschentuch
lenço de papel
lenßu de papel
Parfüm
perfume perfume
Pflaster
penso penßu
Pinzette
pinça pinßa
Präservativ
preservativo
preserwatiwu
Puder
(Gesicht) pó de arroz
pó de arro:sch:
(Körper)
pó de talco
pó de talku
Rasiercreme
creme de barbear
kräme de barbear
Rasierklinge
láminas de barbear
láminasch de barbear
Rasierpinsel
pincel de barbear
pinßel de barbear
Rasierseife
sabonete de barbear
ßabonete de barbear

Rasierwasser
after shave
Schere
tesoura tesora
Schwamm
esponha ischponha
Seife (Kernseife)
sabão ßabaung:
sabonete ßabonete
Shampoo
schampu schampu
Sonnenöl
óleo solar óleu ßolar
Spiegel
espelho eschpelju
Tampons
tampões
tampeungsch
Toilettenpapier
papel higénico
papel ischéniku
Waschlappen
luva de lavar
luwa de lawar
Watte
algodão
algodaung
Zahnbürste
escova de dentes
ischkowa de dentesch
Zahnpasta
pasta de dentes
páschta de dentesch

Handschuhe luvas luwasch
Hemd camisa kamisa
Hose calça kalßa
Hut chapéu schapéu
Jacke casaco kasaku
Jeans calças de ganga
kalßasch de ganga
Jogginganzug
fato de treino fatu de träinu
Kapuze capuz kapu:sch
Kleid vestido westiedu
Knopf botão butaung
Kostüm tailleur taljör
Kragen gola
Krawatte gravata grawata
Lederjacke
casaco de cabedal
kasaku de kabedal
Ledermantel
casaco (comprido) de cabedal
kasaku (kompridu) de kabedal

Mantel sobretudo ßobretudu
Mütze (Strickmütze) gorro, boné, barrete,
Nachthemd
camisa de noite
kamisa de noite
Pelzjacke
casaco de peles
kasaku de pelesch
Pelzmantel
casaco (comprido) de peles
kasaku (kompridu) de pelesch
Pullover camisola kamisola
Pyjama pijama pischama
Reißverschluß
fecho de correr
fäischu de korrer
Rock saia saija
Schal cachecol kaschekol
Schlafanzug
pijama pischama

Socken
meias mäiasch
Sommerkleid
vestido de verão
westidu de weraung
Strickjacke
casaco de malha
kasaku de malja
Strümpfe meias mäiasch
Tuch (Stoff) pano panu; (Schal) lenço lenßu
Unterhemd
camisa interior
kamisa interior
Unterhose cueca kweka
Unterwäsche
roupa interior ropa interior
Weste (Strickjacke) casaco de malha, kasaku de malja, (ärmellos) colete kolete
Wildlederjacke
casaco de camurça
kasaku de kamurßa

Schuhe

Ich möchte ein Paar Schuhe/...	Queria um par de sapatos/... keria ung par de ßapatusch/...
Ich habe Schuhgröße 42/...	Calço o número 42/... kalßu u número 42/...
Sie sind zu groß/klein.	São grandes/pequenos demais. ßaung grandesch/pekenusch demaisch.
Der Absatz ist mir zu hoch/niedrig.	O salto é alto/ baixo demais. u ßaltu é altu/baischu demaisch.
Sie drücken hier.	Apertam aqui. apertaung akie.
Geben Sie mir bitte eine Tube passende Schuhcreme/...	Dê-me uma bisnaga de pomada de sapatos a condizer/..., por favor. dê-me uma bischnaga de pomada de ßapatusch a kondiser/..., pur fawor.

Schuhmacher

Ich möchte diese Schuhe neu besohlen lassen.	Queria solas novas para estes sapatos. keria ßolasch nowasch para estesch ßapatusch.
Bitte erneuern Sie die Absätze.	Arranja-me os saltos, por favor. arranscha-me usch ßaltusch, pur fawor.

Wortliste Schuhe/Schumacher

Absatz
salto ßaltu
Badeschuhe
chinelos schinelusch,
sapatilhas de banho
ßapatiljusch de banju
Einlegesohle
palmilha palmilja
eng
apertado/-a apertadu/-a
Größe
número númeru
Gummisohle
sola de borracha
ßóla de burrascha,
sola sintética
ßóla ßintétika

Gummistiefel
botas de borracha
botasch de borrascha
Halbschuhe
sapato
ßapatu
Hausschuhe
chinelos
schinelusch,
pantufas
pantufasch
Ledersohle
sola de couro
ßóla de koru
Paar
par

Sandalen
sandálias
ßandáliasch
Schuhcreme
graxa grascha
Schnürsenkel
atacadores
atakadoresch
Sohle
sola
ßóla
Stiefel
botas botasch
Turnschuhe
sapatilhas
ßapatiljasch,
ténis ténisch

Fotogeschäft

Fotografieren

Portugal bietet für den Hobbyfotografen reichlich Motive, seien es die historischen Gebäude oder auch die vielfältige und noch zum größten Teil intakte Landschaft. In der Regel gibt es keine Einschränkungen in der Wahl Ihrer Motive durch irgendwelche Verbote. Doch sollte man es vermeiden, bei religiösen Zeremonien in den Kirchen Aufnahmen zu machen. Auch sollte man, wenn man Portugiesen fotografiert, sie um Erlaubnis bitten.

Würden Sie ein Bild von uns/mir machen?	Podia tirar uma fotografia de nós/mim? pudia tirar uma fotografia de nosch/ming?
Ich möchte einen Schwarzweißfilm/ Farbfilm/... für diesen Fotoapparat/...	Queria um rolo a preto e branco/a cores/... para esta câmara/..., faz favor. keria ung rolu a pretu i branku/a koresch/... para eschta kamára/..., fasch fawor.
Einen Film mit 36/... Aufnahmen bitte.	Um rolo de 36/... fotografias, faz favor. ung rolu de trinta i ßäisch/... fotografiasch, fasch fawor.

Würden Sie mir bitte den Film einlegen?	Pode colocar este filme na máquina, faz favor?
	pode kolokar eschte filme na mákina, fasch fawor?
Entwickeln Sie bitte diesen Film.	Revele este filme, por favor.
	rewele eschte filme, pur fawor.
Ich möchte die Bilder in dem Format 13x8/...	Desejo a fotografia treze por oito/..., faz favor.
	desäischu a fotografia trese pur oitu/..., fasch fawor.
Ich möchte gern 6/... Paßbilder.	Queria seis/... fotografias para passaporte.
	keria ßäisch/... fotografiasch para passaporte.
Wann kann ich die fertigen Bilder bekommen?	Quando posso vir buscar as fotografias?
	kwandu possu wir buschkar asch fotografiasch?
Können Sie diesen Fotoapparat reparieren?	Podia arranjar esta máquina fotográfica, faz favor?
	pudia arranschar eschta mákina fotográfika, fasch fawor?
Der Auslöser/... funktioniert nicht.	O disparador/... não funciona.
	u dischparador/... naung funßiona.

Wortliste Fotogeschäft

Abzug
cópia kópia
Aufnahme
fotografia fotografia
fotografo fotografu
Auslöser
disparador dischparador
Bild
imagem imaschäing,
fotografia fotografia
Fotograf
fotografo fotografu
Blitzgerät
flash fläsch
entwickeln revelar rewelar

Farbfilm filme filme,
película a cores
pélikula a koresch
Film
filme filme
Filmkamera
câmara de filmar
kâmára de filmar
Format
formato formatu
Fotoapparat
máquina fotográfica
mákina fotográfika
fotografieren
fotografar

Kamera
câmara kâmára
Negativ
negativo negatiwu
Paßbild
fotografia para passaporte
Schwarzweißfilm
rolo rolu, filme filme,
pelicula a preto e branco
pelikula a pretu i branku
vergrößern
ampliar ampliar
Videokamera
câmara video
kâmára wideo

Juwelier/Uhrmacher

Ich möchte ein/-e/-en Armband/ Kette/Ring/...	Queria comprar uma pulseira/um colar/um anel/...
	keria komprar uma pulßäira/ung kolar/ung anel/...
Was kostet der Ring/...?	Quanto é o anel/...? kwantu é u anel/...?
Wie hoch ist der Goldanteil/ Silberanteil?	Como é a percentagem de ouro/prata?
	komu é a perßentaschäing de oru/prata?
Ich möchte etwas Preiswerteres/ Teureres kaufen.	Queria comprar algo mais em conta/mais caro.
	keria komprar algu maisäing konta/maisch karu.

Meine Uhr geht vor/nach.	O meu relógio está adiantado/atrasado.
	u meu relóschiu ischtá adiantadu/atrasadu.
Bitte sehen Sie mal nach.	Faça o favor de dar uma vista de olhos.
	faßa u favor de dar uma wischta de óljusch.
Wechseln Sie bitte die Batterie.	Faça o favor de mudar a pilha.
	faßa u favor de mudar a pilja.

Wortliste Juwelier/Uhrmacher

ändern
modificar modifikar
Armband
a pulseira a pulßäira
Batterie
a pilha a pilja
Brillant
o brilhante u briljante
Brosche
o broche u brosche
Diamant
o diamante u diamante
Einzelstück
a peça única a peßa única,
o unicato u unikatu

Gold
 o ouro u oru
Halskette
o colar u kolar
Karat
o quilate
u kilate
Kollier
o colar u kolar
Ohrring
o brinco u brinku
Perle
a pérola a pérola
Platin
a platina a platina

preiswert
em conta äing konta,
barato baratu
Reparatur
a reperação
a reparaßaung
Ring o anel u anel
Silber a prata
teuer caro karu
Uhr
o relógio u relóschiu
vergoldet
 dourado doradu
versilbert
prateado prateadu

Schreibwarengeschäft/Buchhandlung

i Ausländische Zeitungen und gängige Zeitschriften sind in allen großen Städten und Touristenzentren am Tag der Herausgabe oder einen Tag später erhältlich.

Ich möchte eine deutsche	Queria um jornal alemão/uma revista alemã/...,
Zeitung/Zeitschrift/...	faz favor. keria ung schornal alemaung/uma
	rewischta alemang/..., fasch fawor.
Ich möchte einen Stadtplan/	Queria um mapa/guia túristico de Lisboa, faz favor.
Reiseführer von Lissabon.	keria ung mapa/gia túrischtiku de lischboa, fasch
	fawor.
Haben Sie deutsche/... Bücher?	Tem livros alemães/...?
	täing liwrusch alemäingsch/...?
Ich hätte gerne eine/-n	Queria um postal ilustrado/uma esferográfica/...
Ansichtskarte/Kugelschreiber/...	keria ung poschtal iluschtradu/uma
	ischferrográfika/...

Wortliste Schreibwaren/Buchhandlung

Ansichtskarte
o postal ilustrado
u poschtal iluschtradu
Briefpapier
o papel para cartas
u papel para kartasch
Briefumschlag
o envelope u enwelope
Buch
o livro u liwru
Buchhandlung
a livraria a liwraria

Kugelschreiber
a esferográfica
a ischferrofráfika
Notizblock
o bloco de notas
u bloko de notasch
Schreibwarengeschäft
a papelaria
a papelaria
Sprachführer
o guia de conversação
u gia de konwerßaßaung

Straßenkarte
o mapa de estradas
u mapa de ischtradasch
Wörterbuch
o dicionário
u dißionáriu
Zeitschrift
a revista
a rewischta
Zeitung
o jornal
u schornal

Souvenirs

Haben Sie Souvenirs von dies/-er/ -em Kirche/Palast/...?
Tem lembranças desta igreja/ deste plácio/...?
täing lembranßasch deschta igräischa/ deschte paláßiu/...?

Haben Sie etwas Typisches aus dieser Gegend/...?
Tem algo tèpico desta região/...?
täing algu típiku desta reschiaung/...?

Ist das Handarbeit?
É feito à mão? ä fäitu a maung?

Muß man dafür Zoll bezahlen?
Tem-se de pagar direitos alfandegários para isso?
täing-ße de pagar diräitusch alfandegáriasch para issu?

Geben Sie mir/uns bitte ein/-e Echtheitszertifikat/Rechnung.
Por favor, dê-me/-nos um certificado de origem/a conta. pur fawor, dê-me/- ung ßertifikadu de orischäing/a konta.

Wortliste Souvenirs

Antiquität
antiquidade antikuidade
echt
original orischinal
Farbe cor kor
Geschenkartikel
presente
Handarbeit
artesanato artesanatu
Keramik
cerámica ßerámika

Kirche igreja igräischa
Kupfer cobre kobre
liefern fornecer forneßer
Mokkamühle
moinho de café
moínju de kafä
Museum museu
Onyx onix oniks
Palast palácio paláßiu
Rechnung
factura fatura

Reiseandenken
lembranças lembranßasch
Seide seda ßeda
Souvenir
lembrança lembranßa
Stadt cidade ßidade
Teppich carpete karpete
typisch tipico típiku
Vase vaso wasu
Zertifikat
certificado ßertifikadu

Körperpflege

Damenfriseur

Können Sie mir einen guten Friseur empfehlen?
Podia-me recomendar um bom cabelereiro?
pudia-me rekomendar ung bong kabeleräiru?

Kann ich mich für Freitag/... anmelden?
Posso fazer uma marcação para sexta-feira/...?
possu faser uma markaßaung para ßaischtafäira/...?

Ich möchte die Haare schneiden/ färben lassen.
Queria deixar cortar/pintar o cabelo.
keria däischar kortar/pintar u kabelu.

Waschen Sie bitte meine Haare.
Lave-me o cabelo, por favor.
lawe-me u kabelu, pur fawor.

Ich möchte eine Dauerwelle/ Strähnchen/...
Queria uma permanente/madeixas/..., por favor.
keria uma permanente/madäischasch/..., pur fawor.

Schneiden Sie bitte die Haare kurz/etwas kürzer.
Corte o cabelo curto/mais curto, por favor.
korte u kabelu kurtu/maisch kurtu, pur fawor.

Färben Sie mir bitte die Haare blond/...
Pinta-me o meu cabelo de loiro/...
pinta-me u kabelu de loiru/...

Bitte fönen Sie die Haare nach innen/außen.
Passe o cabelo ao secador com as pontas para dentro/para fora, por favor.
passe u kabelu ao ßekador kong asch pontasch para dentru/para fora, pur fawor.

Ich möchte den Scheitel in der Mitte/an der Seite.
Quero risca ao meio/ao lado.
keru rischka ao mäiu/ao ladu.

Herrenfriseur

Schneiden Sie mir bitte die Haare.
Corte o cabelo, por favor.
korte u kabelu, pur fawor.

Die Ohren sollen frei sein.
Deixe as orelhas descobertas.
däische asch oreljasch deschkobertasch.

Nehmen Sie hinten/vorne/oben/an den Seiten noch etwas weg.
Corte mais um pouco atrás/em frente/em cima/ aos lados.
korte maisch ung poku atrásch/äing frente/ äing ßima/aúsch ladusch.

Rasieren bitte.
Fazer a barba, por favor. fazar a barba, pur fawor.

Den Bart/Schnurrbart bitte etwas stutzen.
Apare um pouco a barba/o bigode, por favor.
apare ung poku a barba/u bigóde, pur fawor.

Maniküre/Pediküre

Ich möchte manikürt werden. Quero arranjar as unhas.
keru arranschar asch unjasch.

Ich möchte die Nägel kurz/lang/spitz/rund. Quero as unhas curtas/compridas/em ponta/redondas.
keru asch unjasch kurtasch/kompridasch/äing ponta/redondas.

Bitte tragen Sie farblosen/roten/... Lack auf. Ponha verniz incolor/vermelho/..., por favor.
ponja werniesch inkolor/wermelju/..., pur fawor.

Bitte nur polieren. Só polir, por favor.
ßó polir, pur fawor.

Pediküre bitte. Pedicura, por favor. pedikura, pur fawor.

Können Sie mir die Beine/Achseln enthaaren? Podia depilar as pernas/as axilas?
pudia depilar asch pernasch/asch aschilasch?

Wortliste Körperpflege

anmelden
fazer uma marcação
faser uma markaßaung

Bart
a barba
a barba

Damenfriseur
o cabeleireiro
u kabeleräiru

Dauerwelle
a permanente
a permanente

färben
pintar
pintar

Farbe
a cor
a kor

farblos
incolor
inkolor

Fingernagel
a unha a unja

fönen
secar ßekar

frisieren
pentear
pentear

Frisur
o penteado
u penteadu

Haar
o cabelo
u kabelu

Haare
(Körper)
os pêlos
usch pêlusch

Haare schneiden
cortar o cabelo
kortar u kabelu

Haare waschen
lavar o cabelo
lawar u kabelu

Haarschnitt
o corte de cabelo
u korte de kabelu

Haarspray
a laca do cabelo
a laka du kabelu

Herrenfriseur
o barbeiro
u barbäiru

Kinnbart
a pêra
a pera

kurz
curto
kurtu

lang
comprido
kompridu

legen
fazer mise
faser mise

leicht
leve lewe

Locke
o caracol
o karakol

Lockenwickler
o rolo
u rolu

Maniküre
manicura manikura

		faser a barba
		ponti'agudo
Mitte	**rund**	**stark**
o meio	redondo	forte
u mäiu	redondu	forte
Nacken	**Scheitel**	**toupieren**
a nuca	a risca	ripar
a nuka	a rischka	ripar
Nagellack	**schneiden**	**Vollbart**
o verniz de unhas	cortar	a baraba inteira
u werniesch de unjasch	kortar	a barba intäira
Pediküre	**Schnurrbart**	**waschen**
a pedicura	o bigode	lavar
a pedikura	o bigode	lawar
Perücke	**Seite**	
a peruca	o lado	
a peruka	u ladu	
rasieren	**spitz**	
fazer a barba	pontiagudo	

Gesundheit

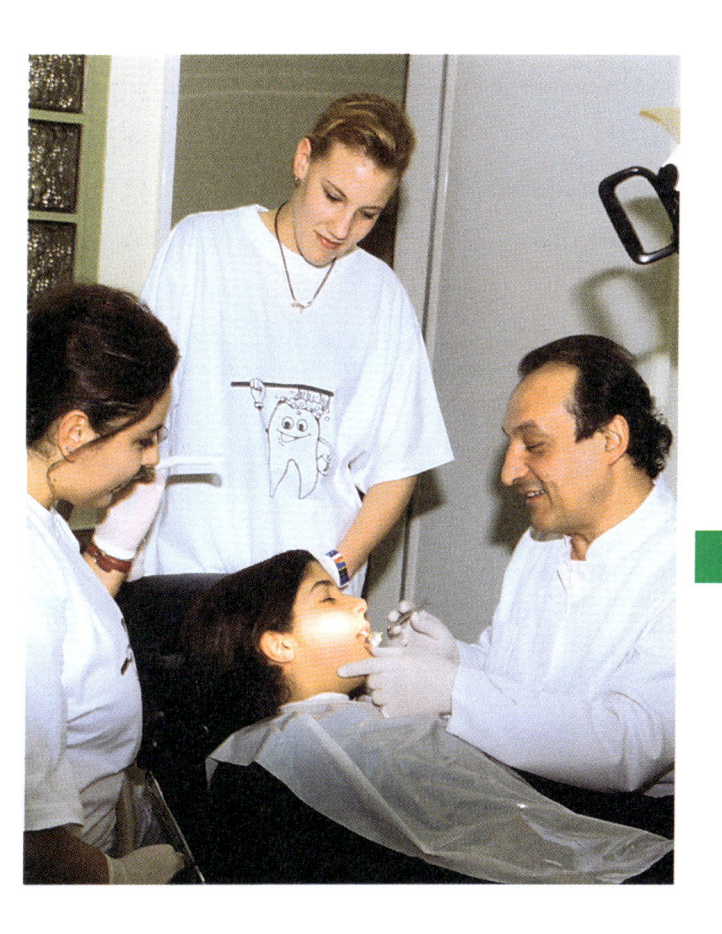

Information

Können Sie mir einen guten Arzt/Kinderarzt/... empfehlen?	Pode-me recomendar um bom médico/pediatro/...? *pode-me rekomendar ung bong médiku/pediatru/...?*
Bitte geben Sie mir die Adresse von einem Kinderarzt/...	Faça o favor de me dar a direcção dum pediatro/... *faßa u fawor de me dar a direßaung dum pediatru/...*
Wann hat der Arzt Sprechstunde?	Quando é que o médico dá consulta? *kwandu ä ke u médiku dá konßulta?*
Mein/-e Mann/Kind/Frau ist krank.	O meu marido/o meu filho/a minha mulher está doente. *u meu maridu/u meu fielju/a minja muljer ischtá doente.*
Können Sie bitte herkommen?	Podia vir para aqui? *pudia wir para akie?*
Rufen Sie bitte einen Krankenwagen/Notarzt.	Chame uma ambulância/o médico de emergência, por favor. *schame uma ambulânßia/u médiku de emerschenßia, pur fawor.*
Ich bin bei der ...-Krankenkasse/ Versicherung krankenversichert.	Estou assegurado/-a contra doenças na caixa de previdênca.../na companhia de seguros. *ischtó asseguradu/-a kontra doënßasch na kaischa de prewidênßia.../na kompania de ßegurusch.*
Hier sind meine Krankenkassen-/Versicherungsunterlagen.	Aqui tem os documentos da minha caixa de previdância/da minha companhia de seguros. *akie täing usch dokumentusch da minja kaischa de prewidânßia/da minja kompania de ßegurusch.*
Geben Sie mir bitte ein/-e ärztliches Attest/ Arbeitsunfähigkeitsbescheinigung.	Passe-me um atestado médico/um atestado de incapacidade para o trabalho, por favor. *passe-me ung ateschtadu médiku/ung ateschtadu de inkapaßidade para u trabalju, pur fawor.*

Beim Arzt

Ich bin stark erkältet.	Tenho uma forte constipação. *tenju uma forte konschtipaßaung.*
Ich habe mich verletzt.	Estou ferido/-a. *ischtó feridu/-a.*
Ich bin von ein/-em/-er Insekt/... gestochen/gebissen worden.	Fui picado/-a /mordido/-a por um insecto/... *fui pikado/-a/ mordidu/-a pur ung inßektu/...*
Ich bin gestürzt.	Caí. *kai.*
Ich habe mir den Arm/den Fuß verrenkt/verstaucht/gebrochen.	Torci/desconjuntei/parti o braço/o pé. *torßie/deschkonschuntäi u braßu/u pé.*
Hier schmerzt es.	Doi aqui. *doi akie.*
Ich habe Durchfall/Husten/...	Tenho diarreia/tosse/... *tenju diarräia/tosse/...*

Ich habe mir den Magen verdorben.	Apanhei uma indigestão.
	apanjäi uma indischeschtaung.
Ich habe Kopfschmerzen/	Tenho dores de cabeça/de ouvidos/...
Ohrenschmerzen/...	tenju doresch de kabeßa/de owidusch/...
Mir wird oft übel/schwindelig.	Sinto frequentemente náuseas/vertigens.
	ßintu frekwentemente náuseasch/wertigäinsch.
Ich kann die Hitze/Luft nicht vertragen.	Não me dou bem com o calor/o ar.
	naung me do bäing kom u kalor/u ar.
Ich bin allergisch gegen Penizillin/...	Sou alérgico contra a penicilina/...
	ßo alérschiku kontra a peníßilina/...
Ich bin Diabetiker.	Sou diabético/-a. ßo diabétiku/-a.

Beim Zahnarzt

Können Sie mir einen guten Zahnarzt empfehlen?	Pode-me recomendar um bom dentista?
	pode-me rekomendar ung bong dentischta?
Ich habe Zahnschmerzen.	Tenho dores de dentes.
	tenju doresch de dentesch.
Wenn ich etwas Kaltes/Warmes esse/trinke, tut mir dieser Zahn weh.	Quando como/bebo qualquer coisa fria/quente, dói-me este dente. kwandu komu/bebu kwalker koisa fria/kente, doi-me eschte dente.
Dieser Zahn oben/unten/vorne/ hinten tut mir weh.	Este dente em cima/em baixo/em frente/atrás dói.
	eschte dente äing ßima/äing baischu/äing frente/ aträsch doi.
Dieser Zahn hat ein Loch.	Este dente tem uma cavidade.
	eschte dente täing uma kawidade.
Die Füllung ist herausgefallen.	A obturação saiu. a obturßaung ßaiu.
Mir ist ein/-e Zahn/Krone abgebrochen.	Partiu-se-me um dente/uma coroa.
	partiu-ße-me ung dente/uma koroa.
Bitte geben Sie mir eine/keine Betäubungsspritze.	Faça o favor de me/não me dar uma injecção de anestesia. faßa u fawor de me/naung me dar uma inscheßaung de aneschtesia.
Reparieren Sie bitte die Prothese.	Arranje a protése, se faz favor.
	arransche a protése, ße fasch fawor.
Können Sie meinen Zahn provisorisch behandeln?	Podia tratar o meu dente provisoriamente?
	pudia tratar u meu dente prowisoriamente?

Im Krankenhaus

Sie müssen im Krankenhaus weiterbehandelt werden.	Tem de continuar a ser tratado/-a no hospital.
	täing de kontinuar a ßer tratadu/-a nu óschpital.
Verständigen Sie bitte meine Familie/das deutsche/... Konsulat/...	Faça o favor de informar a minha família/o consulado/alemão/...
	faßa u fawor de informar a minja família/u konßuladu/alemaung/...

Hier sind der Name und die Adresse.	Aqui é o nome e a direcção. akie ä u nome i a direßaung.
Geben Sie mir bitte eine Schmerztablette/Schlaftablette/...	Dê-me um analgésico/um soporativo/..., faz favor. dê-me ung analschesiku/ung ßoporatiwu/..., fasch fawor.
Schwester, bitte helfen Sie mir.	Enfermeira, ajude-me, por favor. äinfermäira, aschude-me, pur fawor.
Wann kommt der Arzt zur Visite?	Quando é que o médico vem fazer a visita? kwandu ä ke u médiku wäing faser wisita?
Wann darf ich wieder essen/trinken/ aufstehen/ausgehen?	Quando posso voltar a comer/beber/levantar-me/ sair? kwandu possu woltar a komer/beber/lewantar-me/ ßaír?
Wann werde ich operiert?	Quando é que eu vou ser operado/-a? kwandu ä ke eu wo ßer operadu/-a?
Ich fühle mich schlecht.	Sinto-me mal. ßintu-me mal.
Verständigen Sie bitte einen Arzt.	Avise/chame um médico, se faz favor. awise/schame ung médiku, ße fasch fawor.
Wie lange muß ich hier bleiben?	Quanto tempo tenho que ficar? kwantu tempu tenju ke fikar?
Wie lautet die Diagnose?	Qual é o diagnóstico? kwal ä u diagnóschtiku?
Wann werde ich entlassen?	Quando é que me vão dar alta? kwandu ä ke me waung dar alta?
Geben Sie mir bitte eine Bescheinigung über die Dauer des Krankenhausaufenthaltes mit Diagnose.	Faça o favor de me dar um atestado sobre a duração da minha estadia no hospital inclusive o diagnóstico. faßa u fawor de me dar ung atestadu ßobre a duraßaung da minja ischtadia nu óschpital inklusiwe diagnóschtiku.

Wortliste Arzt/Zahnarzt/Krankenhaus

Allergie alergia alerschia
ansteckend contagioso kontaschiosu
Arzt o médico u médiku
Atemnot a falta do ar a falta du ar
Attest o atestado u ateschtado
Augenarzt o oftalmologista u oftamoloschischta
beißen morder
Blinddarmentzündung a apendicite a apendißite

Blutdruck a tensão arterial a tenßaung arterial
bluten sangrar
Blutgruppe grupo de sangue grupu de ßange
Blutvergiftung a septicimia a ßeptißimia
Brandwunde a queimadura a käimadura
Brechreiz a náusea
Bruch a fractura a fratura
Diabetes a diabete a diabete

Diagnose o diagnóstico u diagnóschtiku
Durchfall a diarreia a diarräia
entlassen dar alta dar alta
Entzündung a inflamacão a inflamaßaung
Erkältung a constipação a konschtipaßaung
Fieber a febre
Frauenarzt o ginecologo u schinekólogu

Gehirnerschütterung
Traumatismo cráneano
traumatischmu kráneanu
Gelbsucht
a icterícia a ikteriẞia
Geschlechtskrankheit
a doença venérea
a doênẞa wenérea
Gesundheit
a saúde a ẞaúde
Grippe a gripe
Hals-Nasen-Ohren-Arzt -
o oto-rino-laringologista
u oto-rino-laringoloschischta
Halsschmerzen
as dores da garganta
as doresch da garganta
Hautarzt
o dermatologista
u dermatoloschischta
Hautkrankheit
a doença da pele
a doênẞa da pele
Herzanfall
o ataque cardiáco
u atack kardiáku
Herzinfarkt
o enfarte u enfarte
Heuschnupfen
a febre de feno
a febre de fenu
Hexenschuß
o lumbago u lumbagu
Hühnerauge o calo u kalu
Husten a tosse a tosse
Impfung a vacina a waẞina
Infektion
a infecção a infeẞaung
Insekt
o insecto u insektu
Internist
o médico internista
u médiku internischta
Ischias a ciática a ẞiátika

Keuchhusten
a tosse convulsa
a tosse konwulẞa
Kinderarzt
o pediatro u pediatru
Kopfschmerzen
dores de cabeça
doresch de kabeẞa
Krampf
a cãibra a kaíbra,
o espasmo u eschpaschmu
Krankenhaus
o hospital u óschpital
Krankenschwester
a enfermeira a enfermäira
Krankheit
a doença a doenẞa
Krebs o cancro u kankru
Kreislaufstörung
o distúrbio circulatório
u dischtúrbiu ẞirkulatóriu
Krone a coroa a koroa
Lebensmittelvergiftung
a intoxicação alimentar
a intoschikaẞaung alimentar
Loch (Zahn)
a cavidade a kawidade
Lungenentzündung
a pneumonia a pneumonia
Magenschmerzen
dores de estomago
doresch de eschtómagu
Mandelentzündung
a amigdalite a amigdalite,
a angina a anschina
Masern
o sarampo u ẞarampu
Migräne
a enxaqueca a enschakeka
Mittelohrentzündung
a otite
Mumps a papeira a papäira
nervös
nervoso nerwosu

Neurologe o neurologista
u neuroloschischta
Nierenentzündung
a netrite a netrite
Ohnmacht
o desmaio u deschmaiu
operieren operar operar
Orthopäde
o ortopedista u ortopedischta
Plombe
a obstrução a obschtruẞaung
Prellung
a contusão a kontusaung
Prothese
a prótese a prótese
Quetschung
a contusão a kontusaung
Rheuma o reumatismo
u reumatischmu
Röteln a rubéola a rubéola
Scharlach
a escarlatina a eschkarlatina
Schlaflosigkeit
a insónia a inẞónia
Schlaganfall
o derrame cerebral
u derrame ẞerebral
schmerzen doer doer
Schnittwunde
o golpe o golpe
Schnupfen
a constipação
a konschtipaẞaung
Schwangerschaft
a gravidez a grawidésch
Schwellung
o inchaço u inschaẞu
Schwindel
a tontura a tontura,
a vertigem a wertischäing
Seekrankheit a náusea
Sonnenbrand
a queimadura solar
a käimadura ẞolar

Sonnenstich
a insolação a inßolaßaung
Sprechstunde
a consulta a konßulta
Spritze
a injecção a inscheßaung
stürzen cair kaír
Tetanus o tetano u tetanu
Tuberkulose
a tuberculose a tuberkulose
Typhus o tifo u tifu
Übelkeit
a náusea, a náusea,
o mal-estar u mal-ischtar
Unfall
o acidente u aßidente

Verbrennung
a queimadura a käimadura
vereitert
supurado supuradu
Vergiftung
a intoxicção
a intoschikaßaung
Verletzung
o ferimento u ferimentu
Verrenkung
a deslocação
a deschlokaßaung,
a contorsão
a kontorßaung
Verstauchung
a torcedura a torßedura

Visite
a visita a wisita
Wartezimmer
a sala de espera
a ßala de ischpera
Windpocken
a varicela a warißela
Wunde a ferida
Zahnarzt
o dentista
u dentischta
Zahnschmerzen
dores de dentes
doresch de dentesch
Zuckerkrankheit
a diabetes a diabetesch

Wortliste Körperteile

Arm
o braço u braßu
Auge
o olho u olju
Bandscheibe
o disco vertebral
u dischku wertebral
Bauch a barriga
Bein a perna
Blase a bexiga a beschiega
Blinddarm
o apendice o apendiße
Brust o peito u päitu
Darm
o indestino u indeschtinu
Ellbogen
o cotovelo u kotuwelu
Finger o dedo u dedu
Galle a vesicula a wesikula
Gelenk
a articulação a artikulaßaung
Gesicht a cara a kara
Hals
o pescoço u peschkoßu

Hand a mão a maung
Handgelenk
o pulso u pulßu
Haut a pele a pele
Herz
o coração u kuraßaung
Hüfte
as ancas asch ankasch
Kiefer o maxilar u maßilar
Kinn o queixo u käischu
Knie
o joelho u schuelju
Knochen
o osso u ossu
Kopf
a cabeça a kabeßa
Leber o figado u figadu
Lippe o lábio u lábiu
Lunge
o pulmão u pulmaung
Magen
o estomago u ischtomagu
Mund
a boca a boka

Muskel
o músculo u múschkulu
Nase o nariz u nariesch
Nerv o nervo u nerwu
Niere o rim u ring
Oberschenkel
a coxa a koscha
Ohr o ouvido u ovidu
Rippe a costela a koschtela
Rücken
as costas asch koschtasch
Schienbein
a tíbia a tibia,
a canela a kanela
Schlüsselbein
a clavícula a klawikula
Schulter
o ombro u ombru
Trommelfell
o tímpano u timpanú
Zahn o dente u dente
Zehe
o dedo de pé u dedo de pé
Zunge a língua a lingua

Apotheke

> In fast jedem Ort gibt es Apotheken. Ihre Öffnungszeiten entsprechen denen der Geschäfte. Das Angebot umfaßt Medikamente und Drogerieartikel.

Wo ist die nächste Apotheke?	Onde é a farmácia mais perto?
	onde ä a farmáßia maisch pertu?
Welche Apotheke hat Nachtdienst?	Que farmácia está de serviço nocturno?
	ke farmáßia ischtá de ßerwißu noturnu?
Können Sie mir diese Medizin geben?	Pode-me dar este remédio?
	pode-me dar eschte remédiu?
Können Sie mir etwas gegen Kopfschmerzen/Sonnenbrand/... geben?	Pode-me dar algo contra dores de cabeça/ uma queimadura de sol/...?
	pode-me dar algu kontra doresch de kabeßa/ uma käimadura de ßol/...?
Ich möchte ein/-en Fiebermittel/ Hustensaft/...	Queria um remédio contra a febre/um xarope contra a tosse/... keria ung remédiu kontra a febre/ung scharope kontra a tosse/...
Kann man es bedenkenlos Kindern geben?	Pode-se dar às crianças sem problemas?
	pode-se dar äsch krianßasch ßäing problemasch?

EM JEJUM
äing scheschung
Auf nüchternen Magen

---

3 VEZES POR DIA
tresch vesesch pur dia
3 x täglich

DEIXAR DISSOLVER NA BOCA
däischar dissolwer na boka
Im Munde zergehen lassen

SEGUNDO PRESCRIÇÃO MÉDICA
ßegundu preschkrißaung médika
Nach ärztlicher Vorschrift

PARA INGERIR
para inscherir
Zum Einnehmen

PARA USO EXTERNO
para uso äischternu
Zur äußeren Anwendung

ANTES DAS REFEIÕES
antesch dasch refäißeungsch
Vor dem Essen

DEPOIS DAS REFEICÕES
depoisch dasch refäißeungsch
Nach dem Essen

Wortliste Apotheke

Abführmittel
o laxativo u laschatiwo
Alkohol
o alcohol u alkohol
Antibabypille
o contraceptivo
u kontraßeptiwo
Antibiotikum
o antibiótico u antibiótiku
Apotheke
a farmácia a farmáßia
Brandsalbe
a pomada para queimadura
a pomada para käimadura
Damenbinde
o penso higénico
u penßu ischéniku
Desinfektionsmittel
o desinfectante
u desinfektante
einnehmen
tomar tomar,
ingerir inscherir
Elastikbinde
a ligadura elástica
a ligadura eláschtika
Fiebermittel
o medicamento contra a
febre u medikamentu kontra
a febre

Fieberthermometer
o termómetro
u termómetru
Heftpflaster
o adesivo u adesiwu
penso rápido penßu rápidu
Hustensaft
o xarope u scharope
Insektenmittel
o insecticida u inßektißieda
Jod
o iodo u jodu
Kamillentee
o chá de camomila
u schá de kamomila
Kopfschmerzen
as dores de cabeça
asch doresch de kabéßa
Medikament
o remédio u remédiu
Medizin
a medicina a medißína
(Arznei)
o remédio u remédiu
Nachtdienst
o serviço nocturno
u ßerwißu noturnu
Nebenwirkung
o efeito secundário
u eféitu ßekundáriu

Präservativ
o preservativo
u preserwatiwu
Rezept
a receita a reßáita
Salbe gegen ...
a pomada contra...
a pomada kontra...
Schlaftablette
o soporífico u ßoporífiku
Schmerzmittel
o analgésico
u analschésiku
Schnellverband
o penso rápido
u penßu rápidu
Tablette
o comprimido
u komprimidu
...-tropfen
gotas para... gótasch para...
Umschlag
a compressa a kompressa
Verband
a ligadura a ligadura,
penso u penßu
Verbandszeug
a gaze a gase, a gaza a gasa
Watte
algodão algodaung

Besichtigungen, Unterhaltung und Sport

Besichtigungen, Unterhaltung und Sport

Besichtigung

Ein so abwechslungsreiches Land wie Portugal lädt zu vielen Ausflügen ein. In den größeren Ferienorten bieten Reiseagenturen organisierte mehrsprachige Stadtrundfahrten, Halb- und Ganztagesausflüge sowie mehrtägige Rundfahrten zu den bedeutendsten Sehenswürdigkeiten an. Auskünfte erteilen die örtlichen Fremdenverkehrs- und Informationsbüros und die Rezeptionen der größeren Hotels.

Ausflug/Besichtigung

Welche Sehenswürdigkeiten gibt es hier?	Que pontos de interesse turistico há aqui? ke pontusch de interesse túrischtiku a akie?
Wann ist der Ausflug nach Sintra/...?	Quando é a excursão para Sintra/...? kwandu ä ä äischkurßaung para ßintra/...?
Wann ist die Stadtrundfahrt/ Schiffsrundfahrt/...?	Quando vai haver o circuito da cidade/de navio/...? kwandu wai awer u ßirkuitu da ßidade/de nawiu/...?
Wie lange dauert der Ausflug/die Stadtrundfahrt/...?	Quanto tempo vai durar a excursão/o circuito à cidade/...? kwantu tempu wai durar a äischkurßaung/ u ßirkuitu a ßidade/...?
Was kostet die Rundfahrt/...?	Quanto vai custar o circuito turístico/...? kwantu wai kuschtar u ßirkuitu túrischtiku/...?
Gibt es eine Ermäßigung für Kinder/Studenten/...?	Há um desconto para crianças/estudantes/...? a ung dischkontu para krianßasch/ischtudantesch/...?
Ich möchte den ... Palast/die ... Kirche/das ... Museum/... besichtigen.	Queria visitar o palácio/a igreja/o museu/... keria wisitar u paláßiu/a igräischa/u museu/...
Wann ist der Palast von Ajuda/... geöffnet?	Quando é que o Palácio de Ajuda/... está aberto? kwandu ä ke u paláßiu da aschuda/... ischta aberto?
Gibt es hier eine Führung in Deutsch/Englisch/...?	Há aqui uma visita guiada em alemão/inglês/...? a akie uma wisita giada äing alemaung/inglésch/...?
Wann beginnt die Führung?	Quando começa a visita guiada? kwandu komeßa a wisita giada?
Haben Sie einen Katolog/Führer über/... ?	Tem um catalogo/um guia sobre/...? täing ung katalogu/ung gia ßobre/...?
Darf man hier fotografieren?	Pode-se tirar fotografias aqui? pode-ße tirar fotografiasch akie?
Wann fahren wir zurück?	Quando é que nós voltamos? kwandu ä ke nosch voltamusch?

Nachtleben

Was kann man hier abends unternehmen?
O que é que se pode fazer aqui à noite?
u ke ä ke ße pode faser akie a noite?

Gibt es hier ein/-e/-en Kino/ Diskothek/Nachtclub/...?
Há aqui um cinema/uma discoteca/um clube nocturno/...? a akie ung ßinema/uma dischkoteka/ung klube noturnu/...?

Wo kann man Fado hören?
Onde é que se pode ouvir Fado?
onde ä ke ße pode owir fadu?

Wo können wir hier tanzen gehen?
Onde podemos dançar aqui?
onde pudemusch danßar akie?

Wieviel kostet der Eintritt? Quanto custa a entrada? kwantu kuschta a entrada?
Geben Sie mir/uns bitte ein Programm.
Dê-me/-nos um programa, se faz favor.
dê-me/-nusch ung programa, ße fasch fawor.

Wie lange dauert der Film/die Aufführung/das Konzert/...?
Quanto tempo dura o filme/o espectaculo/o concerto/...?
kwantu tempu dura u filme/u espetaculu/u konßertu/...?

Wortliste Ausflug/Besichtigung/Nachtleben

Abtei a abadia
Altstadt
o centro historico da cidade
u ßentru ischtoriku da ßidade
Ausflug
a excursão a äischkurßaung
Ausgrabung (archiologisch) (arkeoloschika)
a escavação
a eschkawaßaung
Ausstellung
a exposição
a äischposißaung
Markt (freier)
a feira a fäira
besichtigen visitar wisitar
Besichtigung
a visita a wisita
Brücke a ponte a ponte
Brunnen a fonte a fonte,
o poço u poßu
Burg
o castelo u kaschtelu
Denkmal
o monumento u monumentu

Diskothek
a discoteca a dischkoteka
Dom a catedral a katedral
Eintritt a entrada a entrada
Ermäßigung
o desconto u dischkontu
Festung
a fortaleza a fortalesa,
o forte u forte
Film o filme u filme
Fluß o rio u riu
fotografieren
fotografar fotografar
Fremdenführer
o guia turístico
u gia turischtiku
Friedhof
o cemitério u ßemitériu
Führung
a visita guiada a wisita giada
Galerie a galeria a galeria
Gemälde
o quadro u kwadru,
a pintura a pintura
Gewölbe
a abóboda a abóboda

Grab
o túmulo u túmulu
Grünanlage
o espaço verde
u ischpaßu werde,
Hafen o porto u portu
Halbinsel
a península a peninßula
Innenstadt
o centro da cidade
u ßentru da ßidade
Insel a ilha a ilja
Kapelle a capela a kapela
Kathedrale
a catedral a katedral
Kino o cinema u ßinema
Kirche a igreja a igräischa
Kloster
o mosteiro u moschtäiru
Konzert
o concerto u konßertu
Krypta a cripta a kripta
Küste a costa a koschta
Kuppel a cúpula a kúpula
Markt
o mercado u merkadu

Mausoleum o mausoléu
Mittelalter a idade média
a idade media
Museum o museu u muséu
Nachtclub
o clube nocturno
u klube nocturnu
Oper a opera a opera
Palast o palácio u paláßiu
Park o parque u parke
Platz (klein)
a praça a praßa,
o largo u largu,
(frei) o terreiro u terräiru
Programm o programa
Rathaus
a câmara municipal
a kâmara munßipal
reservieren lassen
mandar reservar
mandar reserwar
Ruine a ruina a ruina

Rundfahrt
o passeio u passäiu,
o circuito u ßirkuitu
Schaufenster a montra
Schiffsrundfahrt
o passeio de navio
u passäiu de nawiu
Schloß
o castelo u kaschtelu
Sehenswürdigkeit
o ponto de interesse túristico
u pontu de interesse
túrischtiku
Stadt a cidade a ßidade
Stadtrundfahrt
a visita à cidade
a wisita a ßidade
Stadtteil o bairro u bairro
Stadtzentrum
o centro da cidade
u ßentru da ßidade
Statue a estátua a ischtatua

Sternwarte
o observatório
u obserwatóriu
Synagoge
a sinagoga a ßinagoga
tanzen dançar danßar
Tempel o templo u templu
Theater o teatro u teatru
Tor o portão u portaung
Turm a torre a torre
Universität a universidade
a uniwerßidade
Vergnügen
o divertimento
u diwertimentu,
a diversão a diwerßaung
Vorort
o subúrbio u sub`úrbio
Zeitvertreib
o passatempo u passatempu
Zitadelle
a cidadela a ßidadela

Sport

Gibt es hier Sportveranstaltungen/ interessante Wanderwege/... ?
Há aqui manifestações desportivas/caminhos (percursos)/...? a akie manifeschtaßeungsch dischportiwasch/kaminjusch (perkurßusch)/...?

Gibt es hier einen Tennisplatz/ Golfplatz/... ?
Há aqui um campo de ténis/de golfe/...?
a akie ung kampu de ténisch/de golf/...?

Wo gibt es schöne Skipisten?
Onde há boas pistas de esqui?
onde a boasch pischtasch de eschki?

Ich möchte angeln/auf die Jagd gehen/... ?
Queria ir à pesca/à caça/...?
keria ir a peschka/a kaßa/...?

Ich möchte eine Bergtour/ Wanderung/... machen.
Queria fazer um passeio na montanha/um passeio/...
keria faser ung passäiu na montanja/ung passäiu/...

Wir möchten ... Stunde/-n Tennis/... spielen.
Queriamos jogar ténis/... durante hora/-s ...
keriamusch schogar ténisch/... durante óra/-sch ...

Ich möchte einen ... Kurs machen.
Queria tirar um curso de ...
keria tirar ung kurßu de ...

Wieviel kostet die Stunde/der Kurs?
Quanto custa a hora/o curso?
kwantu kuschta a óra/u kurßu?

Kann ich mitspielen?
Posso participar no jogo?
possu partißipar nu schogu?

Wann/Wo findet das Fußballspiel/... statt?	Quando/onde vai haver o jogo de futebol/...?
	kwandu/onde wai awer u schogu de futbol/...?
Wo ist der Sportplatz/die Sporthalle/...?	Onde é o campo de desportos/o ginásio/...?
	onde ä u kampu de dischportusch/u schinásiu/...?
Was kostet die Karte/der Eintritt/... ?	Quanto custa o bilhete/a entrada/...?
	kwantu kuschta u biljete/a entrada/...?

Wassersport

Badestrände

Portugal besitzt rund 1.000 km Küste und vom späten Frühjahr bis zum Herbst herrscht Badewetter. Die Westküste bietet zum Teil feinsandige Badestrände mit Dünen und Pinienwäldern etwas weiter landeinwärts. Im dünn besiedelten Alentejo finden Sie noch eine intakte und unberührte Natur vor. Die Wassertemperaturen nehmen von Süden nach Norden hin ab, während die Höhe der Wellen in gleicher Richtung zunimmt. Daher gilt die Westküste bei Insidern auch als Surferparadies.
Die Algarve ist das eigentliche Kerngebiet des Badetourismus. Zu den meistbesuchten Orten zählen Albufeira, Lagos und Vilamoura. Unzählige, von Sandsteinfelsen versteckte Strände verführen zum Sonnenbaden. FKK ist in Portugal offiziell noch nicht erlaubt, „oben ohne" ist dagegen durchaus üblich, auch bei Einheimischen.

Gibt es hier einen Badestrand/...?	Há aqui uma praia/...? a akie uma praia/...?
Ist dies ein Privatstrand?	Isto é uma praia privativa?
	ischtu ä uma praia priwatiwa?
Darf man hier schwimmen?	Pode-se nadar aqui? pode-ße nadar akie?
Wie tief/warm/... ist das Wasser?	Que profundidade/que temperatura/... tem a água?
	ke profundidade/ke temperatura/... täing a ágwa?
Gibt es hier Strömungen/ Quallen/Seeigel/... ?	Há aqui correntes/medusas/ouriços do mar/...?
	a akie korrentesch/medusasch/orißusch du mar/...?
Wo sind die Umkleidekabinen/... ?	Onde há as cabines para mudar a roupa/...?
	onde a asch kabinesch para mudar a ropa/...?
Ich möchte ein/-en Boot/ Sonnenschirm/... leihen/mieten.	Queria emprestar/alugar um barco/chapeu de sol/...
	keria empreschtar/alugar ung barcu/schapeu de ßol/...
Ich möchte hier ein/-e/-en Bootstour/Windsurfkurs/... machen.	Queria fazer um passeio de barco/um curso de surf/...
	keria faser ung passäiu de barku/ung kurßu de börf/...
Was kostet ... Stunde/Tag/... ?	Quanto custa a hora/o dia/...?
	kwantu kuschta a óra/u dia/...?

Wortliste Sport/Wassersport

angeln
pescar a linha
peschkar a linja,
ir à pesca ir a peschka
Badeort
a estância balnear
a ischtânßia balnear
Badetuch a toalha de banho
a toalja de banju
Ball a bola a bóla
Berg a montanha a montanja
bergsteigen fazer alpinismo
faser alpinischmu
Boot o barco u barku
fischen ir à pesca
ir a peschka **pescar** peschkar
FKK nudismo nudischmu
Freibad
a piscina a pischßina
Golfplatz o campo de golfe
u kampu de golf
Gymnastik
a ginástica a schinaschtika
Hallenbad a piscina coberta
a pischßina koberta
Handball o handebol
Jagd a caça a kaßa
joggen
fazer jogging faser jogging
Karte o bilhete u biljete,
o cartão u kartaung
kegeln jogar o bowling
schogar bowling
Lauf a corrida a korrida
Mannschaft
a equipa a ekipa
Meisterschaft
o campeonato u kampeonatu
Motorboot o barco a motor
u barku a motór

Netz a rede a rede
Niederlage a derrota
Privatstrand a praia privada
a praia priwada
Programm o programa
radfahren
ir de bicicleta ir de bißikleta
Rennpferd
cavalo de corrida
u kawalu de korrida
Sand a areia a aräia
Sauna a sauna a ßauna
Schläger (Tennis)
a raqueta a raketa
(Golf, Hockey)
o clavo u klawu,
o taco u taku
Schlauchboot
o barco de borracha
u barku de borrascha
schwimmen nadar
Schwimmflügel
as braçadeiras
asch braßadäirasch
Sieg a victória a witória
Ski o esqui u eschki
Skipiste a pista de esqui
a pischta de eschki
Sonnenschirm
o chapeu de sol
u schapéu de ßól
Spiel o jogo u schógu
Sporthalle
o ginásio u schinásiu
Sportler/-in
desportista (m.+f.)
deschportischta
Sportplatz
o campo de desportos
u kampu de deschportusch

springen saltar ßaltar
Sprungbrett
o trampolim u trampoling
Strand a praia a praia
Strömung
a corrente a korrente
Surfbrett a prancha de surf
a pranscha de ßörf
surfen
practicar surf pratikar ßörf
tauchen
mergulhar merguljar
Tauchgerät
o equipamento dos
mergulhadores
u ekipamentu dusch
merguljadoresch
Tennis o ténis u ténisch
Tennisplatz
o campo de ténis
u kampu de ténisch
Tischtennis o ténis de mesa
u ténisch de mesa
trainieren teinar träinar
turnen fazer ginástica
faser schináschtika
Unentschieden o empate
Unterricht aulas aulasch;
lições lißeungsch
Volleyball
o voleibol u woläibol
Wasserski
o esqui aquático
u eschki akwátiku
Wettkampf
a competição
a kompetißaung
Wintersport
o desporto de inverno
u deschportu de inwernu

SÓ PARA NADADORES!	É PROHIBÍDO DE ENTRAR NA ÁGUA
ßó para nadadoresch	é proibldu de entrar na ágwa
Nur für Schwimmer!	Baden verboten!

Behörden und Bank

Einreise

> **Ein- und Ausreiseformalitäten**
>
> Für den Aufenthalt in Portugal genügt für EU-Bürger der Personalausweis. Reisende unter 16 Jahren müssen sich entweder mit einem Kinderausweis (mit Foto) oder durch einen Eintrag im Paß eines Elternteils ausweisen.

Geben Sie bitte Ihr/-e/-en Autopapiere/Paß/Ausweis/... bitte.	Os seus documentos de automóvel/o seu passaporte/o seu bilhete de identidade/..., por favor. usch séusch dokumentusch de automówel/u séu passaporte/u séu biljete de identidade/..., pur fawor.
Haben Sie ein/-e/-en Visum/ Impfungpaß/... ?	Tem um visto/ um certificado de vacinas/...? täing ung wischtu/ um ßertifikadu de waßinasch/...?
Haben Sie ein Gesundheitszeugnis für Ihre/-n Katze/Hund/...?	Tem um certificado de saúde para o seu gato/o seu cão/...? täing ung ßertifikadu de ßaúde para u ßéu gatu/u ßéu kaung/...?
Ihr Paß/Visum ist abgelaufen.	O seu passaporte/o seu visto já passou a validade. u ßéu passaporte/u ßéu wischtu schá passo a walidade.
Was ist der Zweck Ihrer Reise nach Portugal/...?	Qual é a finalidade da sua viagem para Portugal/...? kwal ä a finalidade da ßua wiaschäing para portugal/...?
Ich bin Tourist/Student/...	Sou turista/estudante/... ßo turischta/ischtudante/...
Ich gehöre zu der Reisegruppe ...	Pertenço ao grupo de viagem ... pertenßu aú grupo de wiaschäing ...

Zoll

> **Zoll**
>
> Ausländische Währung darf in unbegrenzter Höhe ein- und ausgeführt werden. Haustiere dürfen nur unter Vorlage einer tierärztlichen Gesundheitsbescheinigung (Veterinary Health Certificate) sowie einer Tollwut-Impfbescheinigung einreisen.

Haben Sie etwas zu verzollen?	Tem algo a declarar? täing algu a deklarar?
Nein, ich habe nichts zu verzollen.	Não, não tenho nada a declarar. naung, naung tenju nada a deklarar.

Ja, ich habe etwas zu verzollen.	Sim, tenho algo a declarar.
	ßing, tenju algu a deklarar.
Öffnen Sie bitte den Kofferraum/ Koffer/...	Abra a bagageira/a mala/..., por favor.
	abra a bagaschäira/a mala/..., pur fawor.
Dafür müssen Sie Zoll zahlen.	Tem de pagar direitos afandegárias para isso.
	täing de pagar diräitusch alfandegáriasch para issu.
Das sind Reiseandenken.	São apenas lembranças.
	ßaung apenasch lembanßasch.
Wieviel muß ich dafür zahlen?	Quanto tenho que pagar por isso?
	kwantu tenju ke pagar pur issu?

Wortliste Einreise/Zoll

Ausfuhrzoll
os direitos de exportação
usch diräitusch de ischportaßaung
Einfuhrzoll os direitos de importação usch diräitusch de importaßaung
Geschenk
o presente u presente
Grenzübergang
o posto fronteiriço
u poschtu frontäirißu
Gültigkeit
a validade a walidade
Impfpaß
o certificado de vacinas
u ßertifikadu de waßinasch

Konsulat
o consulado u konßuladu
Paß
o passaporte
u passaporte
Paßkontrolle
o controlo do passaporte
u kontrolu du passaporte
Personalausweis
o bilhete de identidade
u biljete de identidade
Reiseandenken
a lembrança
a lembranßa
Staatsangehörigkeit
a nacionalidade
a naßionalidade

Versicherungskarte
o cartão de seguro
u kartaung de ßeguru
verzollen declarar deklarar
Visum o visto u wischtu
zahlen pagar pagar
Zoll
a alfândega a alfândega
Zollabfertigung
o despacho alfandegário
u deschpaschu alfandegáriu
zollfrei
isento de direitos
isentu de diräitusch
zollpflichtig
sujeito a direitos
ßuschäitu de diräitusch

FRONTEIRA	CONTROLO DE PASSAPORTES
frontäira	kontrolu de passaportesch
Grenze	Paßkontrolle

ALFÁNDEGA	ARTIGOS SUJEITOS A DIREITOS
	artigusch ßuschäitusch a diräitusch
Zoll	Zollpflichtige Waren

CONTROLO ALFANDEGÁRIO	ARTIGOS ISENTOS DE DIREITOS
kontrolu alfandegáriu	artigusch isentusch de diräitusch
Zollkontrolle	Zollfreie Waren

Post

i Die portugiesischen Postämter erkennt man an der Aufschrift „Correios" und an ihrem Symbol, einem roten Reiter. Der Geldverkehr zwischen der deutschen und der portugiesischen Postbank gilt als ausgesprochen günstig. Die Postämter sind montags bis freitags von 8.30 bis 18.00 Uhr geöffnet, in größeren Orten auch samstags.

Wo ist das/der nächste Postamt/ Briefkasten?	Onde está a estação de correio/caixa de correio mais próxima? onde ischtá a ischtaßaung de korräin/ kaischa de korräiu maisch próßima?
Ist für mich (postlagernd) Post da?	Há correspondência de posta restante para mim? a korreschpondënßia de poschta reschtante para ming?
Was kostet ein/-e Brief/Postkarte/... nach Deutschland/...?	Quanto custa uma carta/um postal/... para a Alemanha/...? kwantu kuschta uma karta/ung poschtal/... para a alemanja/...?
Geben Sie mir bitte ... Briefmarke/-n zu ... Escudos.	Dê-me ... selo(s) a ... Escudos, por favor. dê-me ... ßelu(s) a ... eschkudusch, pur fawor.
Ich möchte dieses Paket nach Deutschland/... schicken.	Queria enviar /este pacote para a Alemanha/... keria enwiar/eschte pakote para a alemanja/...
Wie lange geht ein Brief/Paket/... nach Deutschland/... ?	Quanto tempo leva uma carta/um pacote/uma encomenda para a Alemanha/...? kwantu tempu lewa uma karta/ung pakote/uma enkomenda para a alemanja/...?

Telefon

i Mit Telefonkarten (cartão de telefone) kann man einfach telefonieren. Sie sind bei allen Postämtern, Kiosken und zum Teil auch in Schreibwarenläden erhältlich. Wählen Sie zunächst 0, nach dem Freizeichen wählen Sie eine weitere 0, dann die Vorwahl-Nr. für **Deutschland:** 49, für die **Schweiz:** 43 und für **Österreich:** 41. Anschließend wählen Sie die Ortskennzahl ohne 0, danach die Anschlußnummer.

Geben Sie mir bitte ...Telefonkarte/-n.	Por favor, dê-me ... cartão/-ões de telefone. pur fawor, dê-me ... kartaung/-eungsch de telefone.
Wo ist die nächste Telefonzelle?	Onde é a cabina telefonica mais próxima? onde ä a kabina telefonika maisch próßima?
Ich möchte nach Deutschland/... telefonieren.	Queria telefonar para a Alemanha/... keria telefonar para a alemanja/...
Darf ich Ihr Telefon benutzen?	Posso utilizar o seu telefone? possu utilisar u ßéu telefone?

Bitte verbinden Sie mich mit ...	Ponha-me em contacto com o/..., por favor ...
	ponja-me äing kontatu kong u/..., pur fawor ...
Die Telefonnummer ist ...	O número de telefone é ... u número de telefone ä ...
Ich möchte ein Orts/Ferngespräch/... führen.	Queria fazer uma chamada local/interurbana/...
	keria faser uma schamada lokal/interurbana/...
Ich möchte die Telefonnummer von Herrn/Frau ...	Queria o número de telefone do senhor/da senhora ...
	keria u númeru de telefone du ßenjor/da ßenjora ...
Die Leitung ist besetzt.	O telefone está ocupado . u telefone ischtá okupadu.
Es meldet sich niemand.	Ninguém responde. ningäing reschponde.
Welche Nummer hat die nationale/internationale Auskunft?	Qual é o número das informações nacionais/internacionais?
	kwal é u númeru dasch informaßeungsch naßionaisch/internaßionaisch?
Ich möchte das Telefonbuch/die Vorwahlnummer von Lissabon/...	Queria a lista (de telefones)/o indicativo de Lisboa/... keria a lischta (de telefonesch)/
	u indikatiewu de lischboa/...

Telegramm/Telefax

Wo ist der Schalter für Telegramme/Fax/...?	Onde é o guiché para telegramas/ telefax/...?
	onde ä u gisché para telegramsch/telefax/...?
Ich möchte ein Fax nach Deutschland/... senden.	Queria enviar um telefax para a Alemanha/...
	keria enwiar ung telefax para a alemanja/...
Ich möchte ein Telegramm aufgeben.	Queria enviar um telegrama.
	keria enwiar ung telgrama.

Wortliste Post/Telefon/Telegramm/Telefax

absenden enviar enwiar
anrufen telefonar
aufgeben enviar enwiar
ausfüllen
preencher pre'enscher
auszahlen pagar
besetzt ocupado okupadu
Brief a carta a karta
Briefkasten
a caixa a kaischa
o marco de correio
u marku de korräiu
Briefmarke
o selo u ßelu
Durchwahl
o número directo
u númeru diretu

Eilbrief
a carta por expresso
a karta pur eschpressu
Einschreiben
a carta registrada
a karta reschischtrada
Empfänger o destinatário
u deschtinatáriu
faxen mandar um telefax
mandar ung telefax
Ferngespräch
a chamada interurbana
a schamada interurbana
Formular
o formulário u formuláriu
frankieren
franquiar frankiar

Gebühr a taxa a tascha
Geldüberweisung
a transferência de dinheiro
a transchferânßia de dinjäiru
Gewicht o peso u pesu
Leitung a linha a linja
Luftpost o correio aéreo
u korräiu aereú
Münzfernsprecher
a cabina telefónica
a kabina telefónika
Nachnahme
o reembolso u re'embolßu
Ortsgespräch
a chamada urbana
a schamada urbana
Päckchen o pacote u pakóte

Paket	**Telefonkarte**	**Verbindung**
a encomenda a enkomenda	o cartão de telefone	a ligação a ligaßaung
Porto o porte	u kartaung de telefone	**Vermittlung**
Post (Amt)	**Telefonnummer**	a central telefónica
o correio u korräiu;	o número de telefone	a ßentral telefónika
(Korresp.)	u númeru de telefone	**Vorwahl**
a correspondência	**Telefonzelle**	o indicativo u indikatiwu
a korreschpondénßia	a cabina telefônica	**Wertangabe**
Postkarte o postal u poschtal	a kabina telfónika	a indicação do valor
postlagernd	**Telegramm**	a indikaßaung du walor
posta restante	o telegrama u telegramma	**Zahlkarte** o impresso para
poschta restante	**Übergewicht**	vale de correio u impreßu
Schalter o guiché u gisché	o excesso de peso	para wale de korreio
schicken enviar enwiar,	u eschßessu de pesu	**Zollinhaltserklärung**
mandar	**verbinden** ligar	a declaração para a alfândega
Telefax telefax	fazer ligação com faser	a deklaraßaung para a alfandega
Telefonbuch	ligaßaung kong	**Zustellung**
a lista de telefones	por em contacto com	a distribuição
a lischta de telefonesch	por äing contatu kong	a dischtribuißaung, a entrega

Bei der Polizei

Wo ist die nächste Polizeiwache/ Gendarmerie?	Onde é a esquadra de polÌcia/gendarmeria mais próxima? onde ä a ischkwadra de políßia/ schendarmeria maisch próßima?
Mein Kind ist verschwunden.	O meu filho desapereceu. u meu filju desapereßeu.
Können Sie mir/uns bitte helfen?	Podia me/nos ajudar, por favor? podia me/nusch aschudar, pur fawor?
Ich möchte einen Diebstahl/Unfall/... anzeigen.	Queria participar um roubo/um acidente/... keria partißipar ung robu/ung aßidente/...
Mir ist die Handtasche/... gestohlen worden.	Roubaram-me a bolsa/... robaraung-me a bolßa/...
Mein Auto/... ist aufgebrochen worden.	Arrombaram o meu carro/... arrombaraung u meu karru/...
Ich bin betrogen/... worden.	Fui enganado/-a/ defraudado/-a/... fui enganadu/-a/ defraúdadu/-a/...
Wo/Wann ist das passiert?	Onde/Quando aconteceu isto? onde /kwandu akonteßeu ischtu?
Wir werden der Sache nachgehen.	Vamos investigar isto. wamusch inweschtigar ischtu.
Wenden Sie sich bitte an Ihr Konsulat/...	Faça o favor de se dirigir/... ao seu consulado/... faßa u fawor de ße dirischir/... au ßeu konßuladu/...
Ich möchte mit einem Anwalt/ Konsulat/... sprechen.	Queria falar com u meu advagado/consulado/... keria falar kong u meu adwogadu/konßuladu/...
Ich brauche eine Bescheinigung für meine Versicherung.	Precisava dum atestado para o meu seguro. preßisawa dung ateschtado para u meu ßeguru.

Wortliste Polizei

anzeigen
denunciar denunßiar
aufbrechen arrombar
Auto
o automóvel u automówel
belästigen
molestar moleschtar
beschlagnahmen
confiscar konfischkar
apreender apre'ender
Diebstahl
o roubo u robu
o furto u furto
Erpressung
a chantagem
a schantaschäing

Falschgeld
o dinheiro falsificado
u dinjäiru falßifikadu
Gefängnis
a prisão a prisaung
Gendarmerie a gendarmeria
a schendarmeria
Polizei a polícia a políßia
Polizeibeamter
o agente da polícia
u aschente da políßia
Polizeiwagen
o carro da polícia
u karru da políßia
Raub o roubo u robu
Rauschgift a droga a dróga

Rechtsanwalt
o advogado u adwogadu
Schmuggel
o contrabando u kontrabandu
Schuld a culpa a kulpa
Taschendieb
o carteirista u kartäirischta
Überfall o assalto u assaltu
Unfall o acidente u aßidente
Verbrechen o crime u krime
Vergewaltigung
a violação a wiolaßaung
verhaften prender
verlieren perder
Zeuge o/a testemunha
u/a teschtemunja

Fundbüro

Wo ist das Fundbüro?

**Ich habe mein/-en Reisepaß/...
verloren.**
**Ich habe den Gegenstand am
Bahnhof/...liegenlassen.**
**Wenn der Gegenstand gefunden
wird, schicken Sie ihn bitte an meine
Adresse.**
Hier ist meine Adresse.

Onde é a secção dos perdidos e achados?
onde ä a sekßaung dusch perdidusch i aschadusch?
Perdi o meu passaporte/...
perdi u meu paßaporte/...
Esqueci-me deste objecto na estação/...
eschkeßie-me deschte obschetu na ischtaßaung/...
Se este objecto for achado, mande-o para o meu
endereço. ße eschte obschetu for aschadu, mande-u
para u meu endereßu.
Aqui tem a minha direcção. akie täing a minja direßaung.

Wortliste Fundbüro

Adresse
o endereço u endereßu
a direcção a direßaung
a morada a morada
Armbanduhr
o relógio de pulso
u reloschiu de pulßu
Autoschlüssel
as chaves do carro
asch schawesch du karru
Brieftasche
a carteira a kartäira
finden achar aschar,
encontrar enkontrar

Führerschein
a carta de condução
a karta de kondußaung
Fundbüro
a secção de perdidos
e achados a ßekßaung de
perdidusch i aschadusch
Gegenstand
o objecto u obscheto
Geld o dinheiro u dinjäiru
Handtasche a bolsa a bolßa
Kamera
a câmara fotográfica
a kâmara fotográfika

Kette o colar u kolar
Personalausweis
o bilhete de identidade
u biljete de identidade
Reisepaß
o passaporte u passaporte
Ring o anel u anel
schicken enviar enwiar,
mandar mandar
Schlüssel
a chave a schawe
Tasche o saco u ßaku
Uhr o relógio u reloschiu
verlieren perder perder

Bank

i Entsprechend durch Symbole gekennzeichnete Bankfilialen wechseln Geld und nehmen Euro- und Reiseschecks an. Filialen der großen portugiesischen Banken finden Sie in allen Städten und touristischen Zentren. Das Geldwechseln auf der Straße ist nicht erlaubt.

Wo ist die nächste Bank/ Wechselstube?	Onde é o banco/o cambista mais próximo?
	onde ä u banku /u kambischta maisch prößimu?
Ich möchte 100/... DM/... wechseln.	Queria trocar/cambiar 100/... marcos/...
	keria trokar/kambiar ßäing/... markusch/...
Wie ist der Kurs heute?	Qual é a taxa de câmbio de hoje?
	kwal é a tascha de kâmbiu de ósche?
Wieviel portugiesische Escudos bekomme ich für ... DM/...?	Quantos escudos recebo para ... marcos/...?
	kwantusch ischkudusch reßebu para ... markusch/...?
Ich möchte diesen Scheck/... einlösen.	Queria receber este cheque/...
	keria reßeber eschte scheck/...
Haben Sie eine Geldanweisung für mich/uns erhalten?	Recebeu uma ordem de pagamento para mim/nus?
	reßebeu uma ordäing de pagamentu para ming/nusch?
Bitte unterschreiben Sie hier.	Faça o favor de assinar aqui.
	faßa u fawor de assinar akie.

Wortliste Bank

abheben levantar lewantar
auszahlen pagar pagar
Bank o banco u banku
Bankkonto a conta bancária a konta bankária
Bargeld o dinheiro em especie u dinjäiru äing eschpeßie numerária numeraria
Betrag a quantia a kwantia
Devisen as devisas asch dewisasch
Geld o dinheiro u dinjäiru
Geldanweisung a ordem de pagamento a ordäing de pagamentu
Geldautomat a caixa Multibanco a kaischa Multibanku

Geldschein a nota a nota
Kasse a caixa a kaischa
Kleingeld os trocos usch trokusch
Kurs a taxa de câmbio a tascha de kâmbiu a cotação a kotaßaung
Quittung o recibo u reßibu
...-scheck o cheque... u scheck...
Scheckkarte o cartão de cheques u kartaung de schecksch
Sparbuch a caderneta de poupança a kaderneta de popanßa

telegraphisch telegráfico telegráfiku
Überweisung a transferência a transchferênßia
Unterschrift a assinatura
Währung a moeda
Wechselkurs a taxa de câmbio a tascha de kâmbiu a cotação a kotaßaung
wechseln trocar trokar, cambiar kambiar
Wechselstube a casa de câmbio a kasa de kâmbiu o cambista u cambischta

CÂMBIO kâmbiu Geldwechsel	TAXA DE CÂMBIO tascha de kâmbiu Wechselkurs	CAIXA kaischa Kasse
DEVISAS dewisasch Devisen		

Kurzgrammatik

Das portugiesische Alphabet

a[a] be[be] c[ße] d[de] e[ä] f[äf^e^] g[sche] h[agá] i[i] j[schota] l[äl^e^] m[äm^e^]
n[än^e^] o[ó] p[pe] q[ke] r[ärr^e^] s[äß^e^] t[te] u[u] v[we] x[schisch] z[se]

k[kapa], w[we dubradu], y[i gregu] werden nur in Fremdwörtern gebraucht. sch wird wie g in Genie ausgesprochen und ó wie ein offenes o wie bei "oft"

Die Betonungsregeln des Portugiesischen

1. Auf der letzten Silbe werden betont

- die Wörter, die auf **l**, **r** und **z** auslauten:
  ho**tel** (Hotel), fa**lar** (sprechen), ra**paz** (Junge)

- die Wörter, die auf **ão(s)**, **õe(s)**, **ãe(s)**, **ã(s)**, **im**, **om**, **um** auslauten:
  ir**mão** (Bruder), pro**põe** (er/sie schlägt vor), ma**mãe** (Mama), ale**mã** (die Deutsche), jar**dim** (Garten), bom**bom** (Praline), je**jum** (Fasten)

- die Wörter, die auf einen **Diphthong** auslauten:
  euro**peu** (Europäer), fa**lou** (er/sie hat gesprochen), repet**iu** (er/sie hat wiederholt)

Ausnahmen werden mit einem Akzent versehen:
ór**fão** (Waisenkind), **ál**bum (Album), **jú**ri (Jury), **ú**til (nützlich), a**çú**car(Zucker), **ór**gão (Organ), **bó**nus (Prämie), **cú**tis (Haut)

2. Auf der vorletzten Silbe werden betont
- die Wörter, die auf **a(s)**, **e(s)**, **o(s)** enden:
  gr**an**de (groß), c**as**a (Haus), c**ar**o (teuer)

- die Wörter, die auf **am**, **em**, **ens** enden:
  cant**am** (sie singen), ont**em** (gestern), hom**ens** (Männer)

Ausnahmen werden mit einem Akzent versehen:
ca**fé** (Kaffee), vo**cê** (Sie), **tú**mulo (Grab), **má**quina (Maschine), mar**quês** (Marquis), fala**rá** (er/sie wird sprechen)

Hinweise zur portugiesischen Aussprache

1. Die Vokale
In betonter Silbe werden die portugiesischen Vokale etwa wie im Deutschen ausgesprochen.

In unbetonter Silbe werden sie jedoch sehr abgeschwächt.

a   in unbetonter Silbe ist dunkler und schwächer als das deutsche *a* in *hat*.

- **e** wird wesentlich schwächer ausgesprochen als das deutsche *e* in *bitte*. Es wird häufig verschluckt.
- **o** in unbetonter Silbe wird in der Regel wie *u* in *Buch* ausgesprochen.
- **i** ⎫ werden in unbetonter Silbe etwa wie im Deutschen, aber etwas
- **u** ⎭ schwächer ausgesprochen.

2. Die Nasalvokale

Vokale vor **m, n** in der gleichen Silbe werden nasaliert:
ca**n**to [kantu] ich singe, co**n**to [kontu] Erzählung, cu**m**prir [kumprir] erfüllen, ti**m**bre [timbre] Klangfarbe

am und **ã**	werden **am Anfang** des Wortes nur ganz leicht nasaliert, der Vokal behält seine eigentliche Klangfarbe bei. Vergleiche: ca**m**po [kampu] das Feld und canta**m** [kantaung] sie singen
am und **ão**	werden **am Ende** des Wortes etwa wie **aung (ohne g)** ausgesprochen: cant**am** [kantaung] sie singen, s**ão** [ßaung] sie sind
em und **en**	werden **am Anfang** und **in der Mitte** des Wortes ebenfalls nur leicht nasaliert: **em**pada [empada] Pastete und **en**trar [entrar] eintreten
em	wird **am Ende** des Wortes etwa wie **äing (ohne g)** ausgesprochen: viag**em** [wiaschäing] Reise
ãe	wird etwa wie **aing (ohne g)** ausgesprochen: m**ãe** [maing] Mutter
õe	wird etwa **eung (ohne g)** ausgesprochen: p**õe** [peung] er legt

3. Die Konsonanten

c vor **a, o, u**	wird wie **k** ausgesprochen: **ca**sa [kasa] Haus, **co**mo [komu], **cu**bo [kubu] Würfel
c vor **e, i**	wird wie **ß** ausgesprochen: **ci**vil [ßiwil] zivil, **ce**do [ßedu] früh
g vor **a, o, u**	wird wie das **deutsche g** ausgesprochen: **ga**nhar [ganjar] verdienen, gewinnen, **go**ta [gota] Tropfen, **gu**me [gumᵉ] Schneide
g vor **e, i**	wird wie **g** in **Genie** ausgesprochen: **ge**lado [scheladu] Eis, **gi**nja [schinscha] Sauerkirsche
j	wird immer wie **g** in **Genie** ausgesprochen: lo**ja** [loscha] Laden, **Ju**nho [schunju] Juni

r	wird **am Anfang** des Wortes, als Doppelkonsonant **rr, nach n** und **l** etwa wie das deutsche **Zäpfchen-r** ausgesprochen: **r**ua [rrua] Straße, ca**rr**o [karru] Wagen, ho**nr**a [onrra] Ehre, bi**lr**ar [bilrrar] klöppeln
	In allen anderen Positionen wird das r wie ein einfaches **Zungen-r** gesprochen: Po**r**to, faze**r** (machen)
s	wird **am Anfang** des Wortes und **nach einem Konsonant** wie ß ausgesprochen: **s**al**s**a [ßalßa] Petersilie
	Am Ende der Silbe und des Wortes wird es häufig etwa wie **sch** ausgesprochen: portugué**s** [purtugésch] Portugiese, pa**s**ta [paschta]
	Zwischen Vokalen wird s immer stimmhaft wie das **deutsche s** in **singen** gesprochen: ca**s**a [kasa] Haus
v	wird im Portugiesischen immer wie das **deutsche w** ausgesprochen: **v**inho [winju] Wein
x	hat je nach Wort verschiedene Aussprachen. Es wird ausgesprochen wie **ß**: pró**x**imo [próßimu] nah, nächst wie **sch**: **x**á [scha] Schah wie **stimmhaftes** s: e**x**ame [isámᵉ] Examen
z	wird im Portugiesischen wie das **deutsche s** in **singen** ausgesprochen: **z**ebra [sebra], **z**oólogo [suólogu] Zoologe
ch	wird im Portugiesischen wie **sch** ausgesprochen: **ch**uva [schuwa] Regen
lh	wird etwa wie **lj** ausgesprochen: ve**lh**o [welju] alt
nh	wird in etwa wie **nj** ausgesprochen: vi**nh**o [winju]
ç	[ße ßedílha] wird immer wie **ß** ausgesprochen: ca**ç**a [kaßa] Jagd, rece**p**ção [reßßáung] Empfang
cç	wird immer wie **ß** ausgesprochen: a**cç**ão [aßáung] Handlung, Tat
h	wird zwar geschrieben, aber **nie ausgesprochen:** **h**omen [ómäing] Mann, Mensch
qu vor **e, i**	wird wie **k** ausgesprochen: **qu**ê [ke] was?, **qu**ilo [kilu] Kilo
gu vor **e, i**	wird wie **g** ausgesprochen: **gu**erra [gerra] Krieg, **gu**ia [gia] Führer

Grammatische Fachausdrücke und ihre Bedeutung

Adjektiv	Eigenschaftswort: das **gute** Buch
Adverb	Umstandswort: die Frau spricht **fließend** Portugiesisch
Akkusativ	4.Fall/Wenfall: ich habe **den Mann** gesehen
Artikel	Geschlechtswort: **der** Mann, **die** Frau, **das** Kind
Dativ	3. Fall/Wemfall: ich gebe **ihm** das Buch
Demonstrativpronomen	hinweisendes Fürwort: **diese** Stadt ist schön
Femininum/feminin	weibliche Form/weiblich: **die** Frau
Futur	Zukunftsform: ich **werde** dich anrufen
Genitiv	2.Fall/Wesfall: das Spielzeug **des Kindes**
Imperativ	Befehlsform: **Kommen Sie!**
Indefinitpronomen	unbestimmtes Fürwort: **jemand, alle**
Indikativ	Wirklichkeitsform
Infinitiv	Grundform: **kommen, essen**
Komparativ	1.Steigerungsstufe: **langsamer, schneller**
Maskulinum/maskulin	männliche Form/männlich: **der** Mann
Neutrum	sächliche Form: **das** Kind
Nominativ	1. Fall/Werfall: **der Reiseleiter** spricht Deutsch
Objekt	Satzergänzung: die Frau liest **den Roman**
Perfekt	vollendete Gegenwart: **ich habe** den Brief **geschrieben**
Personalpronomen	persönliches Fürwort: **ich, du, er**...
Plural	Mehrzahl: **die Kinder**
Possessivpronomen	besitzanzeigendes Fürwort: **mein, dein** ...
Präposition	Verhältniswort: **auf, in, von** ...
Pronomen	Fürwort: **er, sie** ...
Relativpronomen	bezügliches Fürwort: das Buch, **das** ich lese, ...
Singular	Einzahl: **das Kind, ein Haus**
Subjekt	Satzgegenstand: **die Frau** kauft Brot
Substantiv	Hauptwort: das **Hotel**, der **Strand**
Superlativ	2. Steigerungsform: Er ist **der jüngste** Schüler
Verb	Zeitwort: **schlafen, kommen, gehen**
Vokal	Selbstlaut: **a, e, i, o, u** ...

Der Artikel

Der bestimmte und der unbestimmte Artikel

Singular	bestimmter Artikel		unbestimmter Artikel	
männlich	**o** amigo	der Freund	**um** amigo	ein Freund
weiblich	**a** amiga	die Freundin	**uma** amiga	eine Freundin
Plural				
männlich	**os** amigos	die Freunde	**uns** amigos	einige Freunde
weiblich	**as** amigas	die Freundinnen	**umas** amigas	einige Freundinnen

- Wörter, die auf o auslauten, sind in der Regel maskulin
- Wörter, die auf a auslauten, sind in der Regel feminin

Die Verschmelzung der Präpositionen *a*, *de*, *em* und *por* mit den Artikeln

a	+	o	=	ao	**ao** amigo	dem Freund
a	+	a	=	à	**à** amiga	der Freundin
a	+	os	=	aos	**aos** amigos	den Freunden
a	+	as	=	às	**às** amigas	den Freundinnen
de	+	o	=	do	**do** amigo	des Freundes
de	+	a	=	da	**da** amiga	der Freundin
de	+	os	=	dos	**dos** amigos	der Freunde
de	+	as	=	das	**das** amigas	der Freundinnen
de	+	um	=	dum	**dum** amigo	eines Freundes
de	+	uma	=	duma	**duma** amiga	einer Freundin
de	+	uns	=	duns	**duns** amigos	einiger Freunde
de	+	umas	=	dumas	**dumas** amigas	einiger Freundinnen
em	+	o	=	no	**no** quarto	im Zimmer
em	+	a	=	na	**na** loja	im Laden
em	+	os	=	nos	**nos** quartos	in den Zimmern
em	+	a	=	nas	**nas** lojas	in den Läden
em	+	um	=	num	**num** quarto	in einem Zimmer
em	+	uma	=	numa	**numa** loja	in einem Laden
em	+	uns	=	nuns	**nuns** quartos	in einigen Zimmern
em	+	umas	=	numas	**numas** lojas	in einigen Läden
por	+	o	=	pelo	**pelo** quarto	durch das Zimmer
por	+	a	=	pela	**pela** rua	durch die Straße
por	+	os	=	pelos	**pelos** quartos	durch die Zimmer
por	+	as	=	pelas	**pelas** ruas	durch die Straßen

Der Gebrauch des bestimmten Artikels bei Länder- und Städtenamen

- Ländernamen werden grundsätzlich mit Artikel gebraucht.

a Alemanha Deutschland **a Itália** Italien **a França** Frankreich

Ausnahmen: Portugal, Moçambique, Angola, Cabo Verde, Timor

- Städtenamen werden grundsätzlich ohne Artikel gebraucht.

Lisboa	Lissabon	Londres	London	Roma	Rom
Bona	Bonn	Munique	München	Oslo	Oslo

Ausnahmen: o Porto, o Rio de Janeiro

Das Substantiv

Geschlecht

- Die portugiesischen Substantive sind entweder männlich oder weiblich. Im Portugiesischen gibt es kein Neutrum.

Pluralbildung

- Wörter, die auf einen Vokal enden, bilden den Plural auf **-s**

a cas**a**	das Haus	as cas**as**	die Häuser
o carr**o**	der Wagen	os carr**os**	die Wagen

- Wörter, die auf **-r** und **-z** auslauten, bilden den Plural auf **-es**

o rapa**z**	der Junge	os rapa**zes**	die Jungen
o ma**r**	das Meer	os ma**res**	die Meere

- Substantive, die auf **-ão** enden, bilden den Plural entweder auf **-ãos, -ães** oder auf **-ões**

o irm**ão**	der Bruder	os irm**ãos**	die Brüder
o p**ão**	das Brot	os p**ães**	die Brote
o bot**ão**	der Knopf	os bot**ões**	die Knöpfe

- Wörter, die auf **-al, -ol, -el** und **-ul** enden, bilden den Plural auf **-ais, -ois, -eis** oder **-uis**

o can**al**	der Kanal	os can**ais**	die Kanäle
o anz**ol**	die Angel	os anz**ois**	die Angeln
o an**el**	der Ring	os an**eis**	die Ringe
o pa**ul**	der Sumpf	os pa**uis**	die Sümpfe

- Wörter, die auf **-s** auslauten, bleiben im Plural unverändert,
  wenn der Vokal vor **-s** unbetont ist

| o lápi**s** | der Bleistift | os lápi**s** | die Bleistifte |
| o pire**s** | die Untertasse | os pire**s** | die Untertassen |

- Wenn der Vokal vor **-s** jedoch betont ist, wird der Plural auf **-es** gebildet

| o pa**ís** | das Land | os paí**ses** | die Länder |
| o franc**ês** | der Franzose | os france**ses** | die Franzosen |

- Wörter, die auf **-il** enden, bilden den Plural auf **-is**

| o barr**il** | das Faß | os barr**is** | die Fässer |

- Wenn jedoch die Endung **-il** unbetont ist, wird der Plural auf **-eis** gebildet

| o fóss**il** | das Fossil | os fóss**eis** | die Fossilien |

- Wörter, die auf **-m** enden, bilden den Plural auf **-ns**

| o home**m** | der Mensch | os home**ns** | die Menschen |
| o so**m** | der Ton | os so**ns** | die Töne |

Das Adjektiv

Adjektive, die auf **-o** enden, sind in der Regel maskulin.
Adjektive, die auf **-a** enden, sind in der Regel feminin.
Adjektive, die auf **-e** enden, können maskulin oder feminin sein.

Stellung

- Portugiesische Adjektive stehen meist hinter dem Substantiv

| o carro alemão | der deutsche Wagen |
| a mesa redonda | der runde Tisch |

Pluralbildung

- Die portugiesischen Adjektive bilden den Plural wie die Substantive

Komparativ und Superlativ

- „so ... wie" wird im Portugiesischen mit *tão ... como/quanto* wiedergegeben.

Portugal é **tão bonito como** a Espanha. Portugal ist so schön wie Spanien.

- Die Steigerungsformen werden mit *mais* vor und *que/do que* hinter dem Adjektiv gebildet.

O hotel é **mais caro do que** a pensão.
Das Hotel ist teurer als die Pension.

As pensões são **mais baratas do que** os hotéis.
Die Pensionen sind billiger als die Hotels.

Der Superlativ

● Im Portugiesischen wird der Superlativ mit *o/a + (Substantiv) + mais + (Adjektiv)* gebildet.
O vinho do Porto é **o vinho mais famoso** de Portugal.
Der Portwein ist der berühmteste Wein Portugals.

Ela é **a rapariga mais bonita** da escola.
Sie ist das schönste Mädchen der Schule.

Unregelmäßige Formen

● Die untenstehenden Adjektive bilden den Komparativ und den Superlativ wie folgt:

Adjektiv		Komparativ		Superlativ	
bom/boa	gut	melhor	besser	o/a melhor	der/die beste
mau/ma	schlecht	pior	schlechter	o/a pior	der/die schlechteste
grande	groß	maior	größer	o/a maior	der/die größte

● Die unregelmäßigen Substantive stehen in der Regel vor dem Substantiv.

O Brasil é o maior país da América Latina.
Brasilien ist das größte Land Lateinamerikas.

Die Zahlwörter

Zu den Grund- und Ordnungszahlen siehe S. 20.

Die Grundzahlen

● Einer, Zehner und Hunderter werden mit **e** (und) verbunden.
trinta **e** um 31   cento **e** quarenta **e** cinco 145
cinquenta **e** cinco 55   cento **e** quatro 104

● Tausender werden mit Einern und/oder Zehnern durch **e** verbunden.
mil e três 1003   mil e sessenta 1060   mil e sessenta e três 1063

● Tausender werden mit Hundertern nur mit **e** verbunden,
wenn die Hunderterstelle als einzige besetzt ist.

mil **e** quinhentos 1500

Aber: milnovecentos e noventa e seis 1996

- Im Zusammenhang mit einer anderen Zahl wird *cem* zu *cento*.

cem marcos 100 DM   **cento** e dois marcos 102 DM

Die Ordnungszahlen

- Bei Königen, Päpsten, Jahrhunderten usw. werden im Portugiesischen bis X die Ordnungszahlen, nach X jedoch die Grundzahlen gebraucht.

Dom Pedro II (segundo) Pedro II.   Pio X (décimo) Pius X.
João XXIII (vinte e três) Johannes XXIII.
Luís XV (quinze) Ludwig XV.   o século 3 (terceiro) das 3. Jahrhundert
o século XX (vinte) das 20. Jahrhundert

Datum

- Für das Datum werden im Portugiesischen die Grundzahlen verwendet. Der erste Tag des Monats kann mit der Ordnungszahl gebildet werden.

Quantos são hoje?	Den Wievielten haben wir heute?
Hoje é o primeiro/o dia um de Maio.	Heute ist der erste Mai.
Hoje são sete/é o dia sete de Maio.	Heute ist der siebte Mai.

- Im Zusammenhang mit dem Datum wird *am* im Portugiesischen mit *a/em/no dia* wiedergegeben.

Nasci a/em/no dia 15 de Dezembro de 1945.
Ich bin am 15.Dezember 1945 geboren.

- Auf Briefköpfen wird das Datum folgendermaßen angegeben:

Lisboa, 15 de Fevreiro de 1990/ 15-2-1990/ 15/2/1990
Lissabon, den 15. Februar 1990

Uhrzeit

Que horas são?	Wie spät ist es?
A que horas?	Um wieviel Uhr?

- Bis zur halben Stunde werden Minuten, Viertel- und halbe Stunde mit **e** (und) angeschlossen. Danach wird **menos** (weniger) verwendet.

São dez e cinco.	Es ist 10.05 Uhr
São dez e um quarto.	Es ist 10.15 Uhr.
São dez e meia.	Es ist 10.30 Uhr
São dez menos vinte cinco.	Es ist 10.35 Uhr.
São dez menos um quarto.	Es ist 10.45 Uhr.

Bitte beachten Sie:
As oito horas de manhã.   Um 8 Uhr morgens.
As três horas da tarde.   Um 3 Uhr nachmittags.
As dez horas da noite.   Um 10 Uhr abends.
As quatro horas da madrugada.   Um vier Uhr (früh-)morgens.

Die Pronomen

Das Personalpronommen

Nominativ		Dativ		Akkusativ		nach Präpositionen
eu	ich	me	mir	me	mich	mim
tu	du	te	dir	te	dich	ti
ele	er	lhe	ihm	o	ihn	ele
ela	sie	lhe	ihr	a	sie	ela
você	Sie/du	lhe	Ihnen/dir	o/a	Sie/dich	si
nós	wir	nos	uns	nos	uns	nós
eles	sie	lhes	ihnen	os	sie	eles
elas	sie	lhes	ihnen	as	sie	elas
vocês	Sie/ihr	lhes	Ihnen/euch	os/as	Sie/euch	vocês

Formen des Personalpronomens nach der Präposition *com*:

comigo	mit mir
contigo	mit dir
com ele	mit ihm
com ela	mit ihr
consigo (com você)	mit Ihnen
connosco	mit uns
convosco	mit euch
com eles	mit ihnen
com elas	mit ihnen
com vocês	mit Ihnen/euch

Die Stellung des Objektpronomens

- Die Objektpronomina stehen in der Regel nach dem Verb.
  Eu visitei-**o**.   Ich habe ihn besucht.

Nach bestimmten Adverbien und Pronomen, in verneinten Sätzen und in den mit Fragewörtern eingeleiteten Sätzen stehen die Objektpronomina vor dem Verb.

Já **me** viram.	Man hat mich schon gesehen.
Alguém **me** viu.	Jemand hat mich gesehen.
Ele não **me** viu.	Er hat mich nicht gesehen.
Quem **me** viu?	Wer hat mich gesehen?

Besonderheiten der Pronomina *o(s), a(s)*

- Nach Verbformen, die auf **ão, õe, am** und **em** auslauten, werden die Objektpronomina **o(s), a(s)** zu **no(s), na(s)**

Eles visitaram-**no** ontem.	Sie haben ihn gestern besucht.
Ela põe-**na** em cima de mesa.	Er stellte sie auf den Tisch.

- Nach Verbformen, die auf **-r, -s** und **-z** enden, fallen diese Laute weg und **o(s), a(s)** werden zu **lo(s), la(s).**

O senhor **fá-lo** (faz+o).	Sie tun es.
Tu conhece-**lo** (conheces+o).	Du kennst ihn.
Quero comprá-**lo** (comprar+o).	Ich will es kaufen.

Das Possessivpronomen

maskulin			feminin		
o(s)	meu(s)	mein(e)	a(s)	minha(s)	mein(e)
o(s)	teu(s)	dein(e)	a(s)	tua(s)	deine
o(s)	seu(s)	Ihr(e)	a(s)	sua(s)	Ihre
o(s) ...	dele	sein(e)	a(s) ...	dele	sein(e)
o(s)	dela	ihr(e)	a(s) ...	dela	ihr(e)
o(s)	nosso(s)	unser(e)	a(s)	nossa(s)	unsere
o(s)	vosso(s)	Ihr(e)/euer	a(s)	vossa(s)	Ihre/eure
o(s) ...	deles	ihr(e)	a(s) ...	deles	ihr(e)
o(s) ...	delas	ihr(e)	a(s) ...	delas	ihr(e)

Das Demonstrativpronomen

maskulin	feminin	neutral	
este(s)	esta(s)	isto(s)	(der/die das) ... hier
esse(s)	essa(s)	isso	(der/die/das) ... da
aquele(s)	aquela(s)	aquilo(s)	(der/die/das) ... dort

Die Formen *este(s) / esta(s)* beziehen sich auf Gegenstände, die in der Nähe der sprechenden Person sind. Das dazugehörige Adverb ist *aqui* (hier).
Die Formen *esse(s) / essa(s)* beziehen sich auf Gegenstände, die in der Nähe des Gesprächspartners sind. Das dazugehörige Adverb ist *aí* (da, wo du bist/Sie sind).
Die Formen *aquele(s) aquela(s)* beziehen sich auf Gegenstände, die von beiden

Gesprächspartnern entfernt sind. Die dazugehörigen Adverbien sind *ali* und *lá* (dort).
este livro   das Buch hier, dieses Buch
esse livro   das Buch (wo du bist, Sie sind), dieses Buch da
aquele livro das Buch dort, jenes Buch

Die Anredeformen

- Es gibt folgende Anredeformen im Portugiesischen

Singular		Plural		
o senhor	(der Herr) Sie	os senhores	(die Herren)	Sie
a senhora	(die Dame) Sie	as senhoras	(die Damen)	Sie
tu	du	vocês		ihr
você	Sie	vocês		Sie

Die höflichen Anredeformen sind *o senhor* und *a senhora*.
Die vertrauten Anredeformen sind *tu* und *você*, wobei *tu* vertrauter als *você* ist.

- Herr + Familienname wird im Portugiesischen mit *o senhor* + Familienname wiedergegeben.
  Frau + Familienname kann im Portugiesischen mit *a senhora* + Familienname wiedergegeben werden (meistens bei Ausländerinnen).

o senhor Müller   Herr Müller
a senhora Müller   Frau Müller

- Frauen werden häufig mit *a senhora Dona* oder *a Dona* + Vorname angeredet.

a senhora Dona Maria (Müller)   Frau Müller

- Wenn Titel bekannt sind, werden Damen und Herren mit dem Titel angeredet.

o senhor Doutor   Herr Doktor   a senhora Doutora   Frau Doktor

- Kinder / Jugendliche werden in der höflichen Form mit o menino (der Junge) bzw. a menina (das Mädchen) + Vorname angeredet.

o menino Carlos (Coelho)   (ohne Entsprechung im Deutschen)
a menina Inês (Coelho)

Fragewörter

unveränderlich		veränderlich	
quem?	wer?	quanto(s) / quanta(s)	wieviel(e)
quando?	wann?	qual / quais	welcher/-e/-es
como?	wie?		
onde?	wo?		
aonde?	wohin?		
donde?	woher?		
porquê?	warum?		

Die Indefinitpronomen

alguém	jemand	algum/ alguma	irgendein
		alguns/algumas	einige
ninguém	niemand	nenhum (m. Sing.)	kein
		nenhuns (m. Pl.)	
		nenhuma (f. Sing.)	keine
		nenhumas (f. Pl.)	
tudo	alles	todo/-a	ganz
		todos/-as	alle
algo	etwas		
nada	nichts		
cada	jeder/-e/-s		

Die Relativpronomen *der, die, das* werden im Portugiesischen mit *que* wiedergegeben.

o homen **que** falou com ela   der Mann, der mit ihr sprach
a mulher **que** eu vi   die Frau, die ich gesehen habe

Die regelmäßigen Verben

Indikativ Präsens

	cantar (singen)	vender (verkaufen)	partir (abfahren)
eu	canto	vendo	parto
tu	cantas	vendes	partes
ele / ela / você	canta	vende	parte
nós	cantamos	vendemos	partimos
vocês / eles / elas	cantam	vendem	partem

Perfekt

eu	cantei	vendi	parti
tu	cantaste	vendeste	partiste
ele / ela / você	cantou	vendeu	partiu
nós	cantámos	vendemos	partimos
vocês / eles / elas	cantaram	venderam	partiram

Imperativ

	cantar	vender	partir
tu	canta/não cantes sing/sing nicht!	vende/não vendas verkaufe/ verkaufe nicht!	parte /não partas fahr ab/ fahr nicht ab!
nós	(não) cantemos singen wir (nicht)!	(não) vendamos verkaufen wir (nicht)!	(não) partamos fahren wir (nicht) ab!
o senhor/ a senhora	(não) cante singen Sie (nicht)!	(não) venda verkaufen Sie (nicht)!	(não) parta fahren Sie (nicht) ab!

Die unregelmäßigen Verben

ser   sein

Präsens	sou, és, é, somos, são
Perfekt	fui, foste, foi, fomos, foram
Imperativ	sê/não sejas, (não) seja, (não) sejamos, (não) sejam

ir   gehen

Präsens	vou, vais, vai, vamos, vão
Perfekt	fui, foste, foi, fomos, foram
Imperativ	vai/não vás, (não) vá, (não) vamos, (não) vão

ter   haben

Präsens	tenho, tens, tem, temos, têm
Perfekt	tive, tiveste, teve, tivemos, tiveram
Imperativ	tem/não tenhas, (não) tenha, (não) tenhamos, (não) tenham

estar   sein (sich befinden)

Präsens	estou, estás, está, estamos, estão
Perfekt	estive, estiveste, esteve, estivemos, estiveram
Imperativ	está/não estejas, (não) esteja, (não) estejamos, (não) estejam

poder

Präsens	posso, podes, pode, podemos, podem
Perfekt	pude, pudeste, pôde, pudemos, puderam

pôr   setzen, stellen, legen

Präsens	ponho, pões, põe, pomos, põem
Perfekt	pus, puseste, pôs, pusemos, puseram
Imperativ	põe/não ponhas, (não) ponha, (não) ponhamos, (não) ponham

fazer   machen, tun

Präsens	faço, fazes, faz, fazemos, fazem
Perfekt	fiz, fizeste, fez, fizemos, fizeram
Imperativ	faz/não faças, (não) faça, (não) façamos, (não) façam

saber   wissen

Präsens	sei, sabes, sabe, sabemos, sabem
Perfekt	soube, soubeste, soube, soubemos, souberam

dizer   sagen

Präsens	digo, dizes, diz, dizemos, dizem
Perfekt	disse, disseste, disse, dissemos, disseram
Imperativ	diz/não digas, (não) diga, (não) digamos, (não) digam

trazer	(her-) bringen

Präsens	trago, trazes, traz, trazemos, trazem
Perfekt	trouxe, trouxeste, trouxe, trouxemos, trouxeram
Imperativ	traz/não tragas, (não) traga, (não) tragamos, (não) tragam

querer	wollen

Präsens	quero, queres, quer, queremos, querem
Perfekt	quis, quiseste, quis, quisemos, quiseram

dar	geben

Präsens	dou, dás, dá, damos, dão
Perfekt	dei, deste, deu, demos, deram
Imperativ	dá/não dês, (não) dê, (não) demos, (não) dêem

ver	sehen

Präsens	vejo, vês, vê, vemos, vêem
Perfekt	vi, viste, viu, vimos, viram
Imperativ	vê/não vejas, (não) veja, (não) vejamos, (não) vejam

vir	kommen

Präsens	venho, vens, vem, vimos, vêm
Perfekt	vim, vieste, veio, viemos, vieram
Imperativ	vem/não venhas, (não) venha, (não) venhamos, (não) venham

Bitte beachten Sie:

Das Verb *haver* wird als Hauptverb nur in der dritten Person Singular verwendet.
há   es gibt   houve   es gab

Estar + a + Infinitiv

Diese Wendung drückt aus, daß die Handlung im Augenblick des Sprechens vollzogen wird.

Estou a comer.   Ich esse gerade
Estamos a conversar.   Wir unterhalten uns gerade.

Futur

In der Umgangssprache wird das Futur im Portugiesischen mit dem
Präsens von *ir + Infinitiv* gebildet.

Vou almoçar.   Ich werde zu Mittag essen.
Vamos tomar um copo de vinho.   Wir werden ein Glas Wein trinken.

Wörterbuch Deutsch - Portugiesisch

A

ab a partir de
abbestellen cancelar kanßelar
Abend a noite
Abendessen o jantar u schantar
aber mas masch
abfahren partir
Abfahrt a partida
Abfall o lixo u lischu
abholen ir buscar ir buschkar
ablehnen recusar rekusar
abnehmen tirar; **(Körpergewicht)**
emagrecer emagreßer
abreisen partir
Abschied nehmen
despedir-se deschpedir-ße
Achtung atenção atenßaung
Adresse endereço endereßu
Agentur agência aschênßia
Algen algas algasch
allein sozinho ßosinju
alles tudo tudu
allgemein geralmente scheralmente
alt (Person) velho welju;
(Sache) antigo antigu
Alter idade
Amt (Behörde) os serviços públicos
usch ßerwißusch publikusch,
a repartição a repatißaung
amüsieren divertir-se diwertir-ße
an ... no nu, na na
anbieten oferecer ofereßer
Andenken lembranças lembranßasch
andere/-r/-s
outro/-a /-os/-as otru/-a/usch/-asch
Anfang princípio prinßípiu,
começo komeßu
anfangen começar komeßar
angenehm agradável agradáwel

anhalten parar
Anhalter pessoa que viaja de boleia
pessoa ke wiascha de boláia
ankommen chegar schegar
Ankunft chegada schegada
Anlage (Einrichtung)
instalação inschtalßaung
(Grün–) parque park
anmachen (Licht, Gas) ligar
anmelden anunciar anunßiar;
(bei Behörden)
registar-se reschischtar-ße
annehmen aceitar aßäitar
anprobieren provar
Anrede tratamento tratamentu
anrufen telefonar
Anschrift a direcção a direßaung
Ansicht a vista a wischta;
(Meinung) a opinião a opiniaung
anstrengend cansativo kanßatiwu
Antwort a resposta a reschposchta
antworten responder reschponder
anzahlen pagar de sinal pagar de ßinal
Anzahlung o sinal u sinal
anziehen
(Kleidung) vestir weschtir
Apotheke a farmácia a farmáßia
Apparat (Radio– usw.)
o aparelho u aparelju;
a máquina a mákiena
Appartement
o apartamento u apartamentu
Arbeit o trabalho u trabalju
arbeiten trabalhar trabaljar
arm pobre
Art a maneira a manäira
Arzt o médico u médiku
Asien a Asia
auch também tambäing
auf em cima de äing ßima de
aufbewahren guardar

Aufenthalt a estadia a ischtadia;
(Zug) a demora
aufhören acabar akabar
aufmachen abrir
aufpassen estar com atenção
ischtar kong antenßaung
Aufschrift (Brief)
o endereço u endereßu;
(Schild) a inscrição a inschkrißaung
aufstehen levantar-se lewantar-ße
aus de
Ausfahrt a saída a ßaída
Ausflug a excursão a äischkurßaung
Ausgang a saída a ßaída
ausgeben (austeilen)
distribuir dischtribuir;
(z.B. Geld) gastar gaschtar
ausgehen sair ßair;
(Licht) apagar-se apagar-ße
Auskunft
a informação a informaßaung
Ausland
o estrangeiro u ischtranschäiru
Ausländer
o estrangeiro u ischtranschäiru
Ausnahme a excepção a eschßeßaung
auspacken (Koffer)
desfazer a mala deschfaser a mala
ausreisen sair ßaír
außen no exterior nu eschterior, fora
Aussicht (Blick)
a vista panorámica a wischta panorámika
Aussprache a pronúncia a pronúnßia
aussprechen
pronunciar pronunßiar
Ausstattung
o equipamento u ekipamentu
ausverkauft esgotado ischgotadu
Ausweis
a identificação a identifikaßaung
ausziehen
(Kleidung) despir deschpir;
(Wohnung) sair
Auto o automóvel u automówel

B

Baby o bébé u bebe
Bad o banho u banju
baden tomar banho tomar banju
Badeort a estância balnear
a ischtánßia balnear
Bahn (Straßen–)
o eléctrico u eléktriku;
(Eisen–) os caminhos de ferro
usch kaminjusch de ferru;
o comboio u komboiu
bald em breve äing brewe
Ball (Sport) a bola; **(Tanz)** o baile
Bank o banco u banku
bar zahlen
pagar a pronto pagar a prontu
Batterie a pilha a pilja
Bauernhof a quinta a kinta
Baum a arvore a arwore
beachten tomar atenção de
tomar atenßaung de, notar
Beanstandung
a reclamação a reklamaßaung
bedauern lamentar
bedeuten significar ßignifikar
Bedeutung (Sinn)
significado ßignifikadu;
(Wichtigk.) importância importánßia
bedienen servir ßerwir
Bedienung
o/a empregado/a da mesa
u/a äingpregadu/a da mesa;
o serviço u serwißu
beeilen
despaschar-se deschpaschar-ße
befreundet sein
ser amigo de ßer amigu de
begegnen encontrar enkontrar
Begegnung o encontro u enkontru
begleiten acompanhar akompanjar
begrüßen cumprimentar kumprimentar
Begrüßung
o cumprimentu u kumprimentu

behalten (sich erinnern)
recordar-se rekordar-ße;
(einen Gegenstand)
ficar com fikar kong
behindert
incapacitado/-a inkapaßitadu/-a
Behinderung
a incapacidade a inkapaßidade
Behörde a repartição a repartißaung
bei junto de schuntu de,
ao pé de au pä de
Beifall o aplauso u aplausu
Beispiel o exemplo u isemplu
beißen morder
bekannt conhecido/-a konjeßidu/-a
Bekannte/-r
o/a conhecido/-a u/a konjeßidu/-a
bekommen receber reßeber
belästigen molestar moleschtar
Beleg o recibo u reßibu
beleidigen insultar inßultar
benutzen utilizar utilisar
beobachten observar obserwar
bequem confortável konfortáwel,
cómodo kómodu
bereit pronto prontu,
prestes preschtes
Berg a montanha a montanja
Beruf a profissão a profißaung
beruhigen acalmar akalmar
berühmt famoso/-a famosu/-a
beschädigen danificar danifikar
Bescheinigung o atestado u ateschtadu
beschreiben descrever deschkrewer
Beschreibung
a descrição a deschkrißaung
Beschwerde a queixa a käischa
besetzt ocupadu okupadu
besichtigen visitar wisitar
Besichtigung a visita a wisita
Besitzer o proprietário u proprietáriu
besonders
especialmente ischpeßialmente
besorgen arranjar arranschar
bestellen encomendar enkomendar

Bestellung a encomenda a enkomenda
bestimmt com certeza kong ßertesa
Besucher o visitante u wisitante
besuchen visitar wisitar
beten orar
betrügen engangar, defraudar
Betrug o fraude
betrunken bebado/-a bebadu/-a
Bett a cama a kama
bewegen mover muwer
Beweis a prova a prowa
beweisen provar prowar
bewundern admirar
bezahlen pagar
bieten oferecer ofereßer
Bild (Gemälde)
o quadro u kwadru;
(Abbildung)
a imagem a imaschäing
billig barato/-a baratu/-a
bis até atä
bitte (Aufforderung)
por favor pur fawor,
faça o favor de... faßa u fawor de...,
se faz favor ße fasch fawor;
(Antwort auf Dank) de nada;
não tem de que naung täing de ke
(Frage) desculpe deschkulpe,
como? komu?
Bitte o pedido u pedidu
bitten pedir
bitter amargo amargu
bleiben ficar fikar
blind cego ßegu
Blume a flor
Boden o chão u schaung
Boot o barco u barku
Bord (an) ao bordo au bordu
Botschaft (Nachricht)
a mensagem a menßagäing;
(Landesvertretung)
a embaixada a äingbaischada
Brand o incêndio u inßëndiu
braten assar
brauchen necessitar neßessitar;

(ge–) utilizar utilisar
breit largo largu
brennen arder
Brief a carta a karta
Brille os óculos usch ókulusch
bringen trazer traser
Bruder o irmão u irmaung
Buch o livro u liwru
buchen reservar reserwar
Buchhandlung a livraria a liwraria
Bucht a baía
bügeln engomar, passar a ferro
Büro o escritório u eschkritóriu
bunt colorido/-a koloridu/-a
Bus o autocarro o autokarru

C

Café o cafã u café
Camping o campismo u kampischmu
Charterflug o voo charter u wo scharter
Chauffeur o motorista u motorischta
Chef o patrão u patraung

D

da (dort) ali; (hier) aqui akie
damals naqueles tempos nakelesch tempusch
Dame a senhora a ßenjora
Damenfriseur
o cabeleireiro u kabeleräiru
danach depois de depoisch de
danken agradecer agradeßer
Datum a data
Dauer a duração a duraßaung
dauern durar
Decke (Bett–) a colcha a kolscha;
(Woll–) o cobertor u kubertor;
(Zimmer–) o tecto u tetu
defekt com defeito kong defäitu
dein teu/-s tua/-sch, tua/-s teu/-sch
denken pensar penßar

deshalb por isso pur isso
deutsch
alemão/ ã alemaung, alemang
Deutsche/-r alemã alemang,
alemão alemaung
Deutschland
a Alemanha a Alemanja
dich te
dick gordo gordu;
(untersetzt) obeso obesu
Dienst o serviço u ßerwißu
diese/-r/-s este/-a eschte, eschta
Ding a coisa a koisa
dir a ti te
doppelt a dobrar
Dorf a aldeia a aldäia
dort ali ali
Dose a lata
Draht o arrame u arrame
draußen la fora
dreckig sujo ßuschu
dringend urgentemente
urschentemente
Drogerie a drogaria
Drogerieartikel
artigos de drogaria
artigusch de drogaria
drücken (Tür) empurrar;
(Knopf) pressionar
du tu
dumm estupido eschtupidu,
parvo parwu
dunkel escuro/-a ischkuru/-a
dünn (Dicke) fino/-a finu/-a;
(Körper) magro/-a magru/-a
durch por pur
dürfen poder puder
Durst haben
estar com ischtar kong,
ter sede ter ßede

E

echt original orischinal
Ecke canto kantu;
(Straßen–) a esquina a ischkina
Ehefrau a esposa a ischposa, a mulher a muljer
Ehemann o esposo u ischposu, o marido u maridu
Ehepaar o casal u kasal
Ehre a honra a onra
Eigentümer o proprietário u proprietáriu
eilig apressado apressadu
einfach simples ßimplesch
Einfahrt a entrada
Einführung a introdução a introdußaung
Eingang a entrada
einheimisch nativo/-a natiwu/a, indígeno/-a indischénu/-a
einige alguns algunsch/ algumas algumasch
einkaufen fazer compras faser komprasch, ir as compras ir asch komprasch
einladen convidar konwidar
Einladung o convite u konwite
einreisen entrar
Einreise a entrada
einsam só ßó, sozinho ßosinju
einschalten ligar
einschlafen adormecer adormeßer
einsteigen entrar
eintragen inscrever inschkrewer
Eintritt a entrada
Einwohner o habitante u abitante
einzeln seperado ßeperadu
Eis (Glatt–) o gelo u schelo;
(Speise–) o gelado u scheladu
Eisenbahn os caminhos de ferro usch kaminjusch de ferru, o comboio u komboiu
elegant elegante

Eltern os pais usch paisch
Empfang a recepção a reßeßaung
empfangen receber reßeber
Empfänger (Postsendung) o destinatário u deschtinatáriu
empfehlen recomendar rekomendar
empfindlich sensível ßenßiwel
Ende o fim u fing
eng (Straße) estreito/-a ischträitu, apertado/a apertadu/a
Enkel/-in o/a neto/a u/a netu/-a
Entfernung a distância a dischtânßia
entscheiden decidir deßidir
entschuldigen desculpar deschkulpar
Entschuldigung! Desculpe! Deschkulpe!
enttäuscht desapontado/-a desapontadu/-a
er ele
Erde a terra
Erdgeschoß o rés do chão u résch du schaung
ereignen acontecer akonteßer
Erfolg o sucesso u sußessu
erforderlich necessário neßessáriu
Erfrischung o refresco u refreschku
Ergebnis o resultado u resultadu
erhalten receber reßeber
erholen descansar deschkanßar
Erholung o descanso u deschkanßu; **(med.)** a recuperação a rekuperaßaung
erinnern lembrar
erkälten constipar-se konschtipar-ße
erkennen reconheder rekonjeßer
erklären explicar äischplikar
erkundigen perguntar
erlauben permitir
Erlaubnis a permissão a permissaung
erledigen acabar akabar, despachar deschpaschar
Ermäßigung o desconto u deschkontu
Eröffnung a abertura; **(feierlich)** a inauguração a inauguraßaung

erreichen conseguir konßegir
erpressen
fazer chantagem faser schantaschäing
Ersatzteil
a peça sobressalente a peßa sobressalente
erster o/a primeiro/-a u/a primäiru/-a
erschrecken assustar assuschtar
ersetzen (Schaden) reparar
ertragen suportar ßuportar
Erwachsene/-r
o/a adulto/-a u/a adultu/-a
erwarten esperar ischperar
erzählen contar kontar
Erziehung a educação a edukaßaung
Esel o burro u burru
essen comer kumer
Essen (Speise) a comida a kumida
etwas algo algu,
alguma coisa alguma koisa
euch vos vusch
euer vosso/-s vossu/-sch,
vossa/-s vossa/-sch
Europa a Europa
Europäer o europeu u européu
Europäerin a europeia europäia

F

Fabrik a fábrica a fábrika
Fachmann
o especialista u ischpeßialischta
Faden o fio u fiu
fahren ir de...; **(lenken)**
conduzir kondusir
Fahrer o motorista u motorischta
Fahrgast o passageiro u passaschäiru
Fahrkarte o bilhete u biljete
Fahrrad a bicicleta a bißikleta
Fahrstuhl o elevador u elewador
Fahrt a viagem a wiaschäing
fallen cair ka'ir
falsch errado/-a erradu/-a;
(Geld) falsificado falßifikadu

Familie a família
Farbe a cor a kor
fast quase kwase
faul preguiçoso/-a pregißosu/-a
Fehler error
feiern festejar festeschar;
(etwas) celebrar ßelebrar
Feiertag u feriado u feriadu
feilschen regatar
Feld o campo u kampu
Felsen a rocha a roscha
Fenster a janela a schanela
Ferien as férias asch feriasch
Ferienhaus
a casa das férias a kasa dasch fériasch
Ferienwohnung
o apartamento de férias
u apartamentu de fériasch
Fernglas o binóculo u binókulu
fertig pronto prontu
Fest a festa a feschta
fett gordo/-a gordu/-a,
gorduroso/-a gordurosu/-a
Fett a gordura
feucht húmido/-a úmidu/-a
Feuer o fogo u fogu
Feuerlöscher
o extintor de fogo
u äischtintor de fogu
Feuerwehr
os bombeiros usch bombäirusch
Filiale a sucursal a ßukurßal
Film o filme
finden encontrar äingkontrar,
achar aschar
Fisch o peixe u päische
fischen pescar peschkar
Flasche a garrafa
Fleisch a carne a karne
fleißig trabalhador/-a trabaljador/-a
Fliege a mosca a moschka
fliegen voar woar
fließen correr korrer
Flüssigkeit o líquido u líkidu
Flug o voo u wo

Flughafen o aeroporto u aeroportu
Flugzeug o avião u awiaung
Fluß o rio u riu
folgen seguir ßegir
Fotoapparat
a máquina fotográfica
a mákina fotografika
Fotogeschäft
a loja de artigos fotográficos
a loscha de artigusch fotográfikusch
fotografieren fotografar
Fräulein menina
Frage a pergunta
fragen perguntar
Frau a mulher a muljer;
(Anrede) senhora Dona ßenjora Dona;
(Ehe–) a esposa a ischposa;
a mulher a muljer
frei livre liwre
fremd estranho ischtranju
Fremde/-r a/o estranha/ u/a estranja/u,
o/a desconhecidu/ o/a deschkonjeßidu/-a
Fremdenverkehrs/-amt/-büro
o posto de turismo
u poschtu de turischmu
freuen alegrar
Freund/-in o/a amigo/-a u/-a amigu/-a
freundlich amigável amigáwel
frieren estar com frio ischtar kong friu
frisch fresco freschku
früh cedo ßedu
frühstücken
tomar o pequeno almoço
tomar u pekenu almoßu
fühlen sentir ßentir
führen (zeigen) guiar giar
Führer guia gia
Führerschein a carta de condução
a karta de kondußaung
für para
Fundbüro
o depósito dos perdidos e achados
u depósitu dusch perdidusch i aschadusch
Fußboden o chão u schaung
Fußgänger o peão u peaung

G

ganz (alles) todo/-a todu/-a;
(intakt) inteiro intäiru
Garderobe a roupa a ropa
Garten o jardim u jarding
Gast o hóspede u öschpede
Gastfreundschaft a hospitabilidade
a oschpatibilidade
Gastgeber/-in o/a anfitrião/ã
u anfitriaung/a anfitriang
Gasthaus o local u lokal
Gastronomie
a gastronomia a gaschtronomia
Gebäude o edifício u edifißiu
geben dar
Gebiet a região a reschiaung
Gebirge a serra a ßerra
gebraucht usado/-a usadu/-a
Geburtstag
o aniversário u aniwerßáriu
gefährlich perigoso/-a perigosu/-a
Gefängnis a prisão a prisaung
Gefahr o perigo u perigu
gefallen gostar de goschtar de
Gefühl o sentimento u ßentimento;
(Eindruck) a sensação a ßenßaßaung
gegen (wider) contra kontra;
(zeitlich) a/por volta de a/pur wolta de
Gegend a região a reschiaung
Gegenstand o objecto o obschetu
Gegenteil o contrário u kontráriu
gehen ir
gehören pertencer pertenßer
Gelände o terreno u terrenu
Geld o dinheiro u dinjäiru
Geldstrafe a multa
gelten valer waler
gemeinsam junto schuntu
gemischt misto/-a mischtu/-a
gemütlich confortável konfortáwel
genau exacto esatu
genießen apreciar apreßiar
genug suficiente ßufißiente

geöffnet aberto/-a abertu/-a
Gepäck a bagagem a bagaschäing
gerade direito/-a diräitu/-a
Garage a garagem a garaschäing
Geräusch o ruído u ruídu
Gericht (Speise) o prato u pratu;
(Jura) o tribunal u tribunal
gern
com muito gosto cong muitu goschtu
Geruch o cheiro u schäiru
Geschäft (Handel)
o negócio u negóßiu;
(Laden) a loja a loscha
Geschenk o presente
Geschichte a história a ischtória
geschlossen
fechado/-a feschadu/-a
Geschmack o sabor u ßabor
Geschwister
os irmãos usch irmaungsch
Gesetz a lei a läi
Gespräch a conversa a konwerßa
gestatten permitir
gestern ontem ontäing
gesund saudável ßaudáwel
Gesundheit a saúde a ßaúde
Getränk a bebida
Getränkekarte
a lista das bebidas
a lischta dasch bebidasch
getrennt seperado/-a ßeperadu/-a
Gewicht o peso u pesu
gewinnen ganhar ganjar
Gewohnheit
o costume u koschtume
gibt es -há a
giftig venenosu/-a wenenosu/-a
Glas o copo u kopu;
(–Scheibe) o vidro u widru
Glaube a crença a krenßa
glauben crer krer
gleich (ähnlich) igual igwal;
(zeitlich) mesmo/-a meschmu/-a
Glück a sorte a ßorte;
(glücklich) a felicidade a felißidade

glücklich feliz feliesch
Glückwunsch
os parabens usch parabäingsch
Gold o ouro u oru
Gott deus déusch
Grad grau
Grammatik
a gramática a gramátika
gratis gratuito/-a gratuitu/-a
gratulieren
congratular kongratular
Grenze a fronteira a frontäira
Größe (Körper) a altura;
(Kleidung, Format)
o tamanho u tamanju;
(Schuhe) número númeru
groß grande
grüßen
cumprimentar kumprimentar
Grund o motivo u motiwu;
a razão a rasaung
gültig valido walidu
günstig (Preis) em conta äing konta
gut bom/boa bong/boa
Gutschein o vale u wale

H

haben ter
halb meio/-a mäiu/-a
Hälfte a metade
hängen
(etwas aufhängen) pendurar;
(etwas hängt)
estar pendurado/-a
ischtar penduradu/-a
häßlich feio/-a fäiu/-a
häufig
frequente (mente) frekwente (mente)
halt! Stop! ßtop!
halten parar
Hand a mão a maung
Handtasche a bolsa a bolßa
hart duro/-a duru/-a

Hauptstadt a capital a kapital
Haus a casa a kasa
Haushaltsartikel
artigos domésticos
artigusch dómeschtikusch
Heft o caderno u kadernu
heilig santo/-a ßantu/-a
Heimat a pátria
Heimreise -a volta a casa a wolta a kasa
heiraten casar kasar
heiß quente kente
heißen chamar-se schamar-ße
heizen aquecer akeßer
helfen ajudar aschudar
hell claro klaru
Herein! Entre!
Herr Senhor
Herrenfriseur o barbeiro u barbäiru
herzlich cordial (mente)
kordial (mente)
heute hoje osche
hier (örtlich) aqui akie
Hilfe a ajuda a aschuda
Himmel o ceu u ßéu
hinten atrás atrásch
hinterlegen depositar
Hobby passatempo passatempu
hoch alto/-a altu/-a
Hochzeit casamento kasamentu
höflich atencioso/-a antenßiosu/-a
hören ouvir owir;
escutar ischkutar
Hof o pátio u pátiu
hoffen esperar ischperar
hoffentlich oxalá oschalá,
Deus queira Déusch käira
Holz a madeira a madäira
Honorar
a gratificação a gratifikaßaung
Hotel o hotel u otel
hübsch bonito/-a bonitu/-a
Hund o cão u kaung
Hunger a fome
husten tossir tussir

I

ich eu
Idee a ideia a idäia
ihm, ihn, ihr, ihnen (Dat. zu Sie)
(an das Verb gehängt) lhe lje
a ele/-a, a si a ßi
(Dat. zu sie) lhes/ a ljesch/ a,
eles/-as eles/-asch
Imbiß a merenda
immer sempre ßempre
Immobilien
as imobílias asch imobiliasch
impfen vacinar waßinar
in em äing
Information
a informação a informaßaung
informieren informar
Inhalt conteúdo konteúdu
Inland o interior
Innenstadt o centro u ßentru
Insekt o insecto u insetu
Insel a ilha a ilja
interessant interessante
Interesse interesse
interessieren interessar
international
internacional internaßional
irren errar, enganar
Irrtum o error, o engano u enganu

J

jährlich anual (mente)
ja sim sing
Jahr o ano u anu
Jahreszeit a estação a ischtaßaung
jede/-r/-s cada kada
jemand alguem algäing
jetzt agora
Jugend a juventude a schuwentude
jung jovem schowäing
Junge o rapaz o rapásch
Juwelier o joalheiro u schualjäiru,
o ourives u oriwesch

K

Kabel o cabo u kabu
Kabine a cabina a kabina
Käufer o comprador u komprador
Kaffee o café u kafä
Kakerlake a barata
kalt frio/-a friu/-a
Kanal o canal u kanal
kaputt estragado/-a ischtragadu/-a
Karte o postal u poschtal;
(Fahr–) o bilhete u bijlete
Kasse a caixa a kaischa
Katze o gato u gatu
kaufen comprar komprar
Kaufmann
o comerciante u komerßiante
Kaugummi
a pastilha elástica
a paschtilja elaschtika
kaum apenas apenasch
Kaution a caução a kaußaung
kein nenhum/-a nenjung/nenjuma
kennen, kennenlernen
conhecer konjeßer
Kerze (Zünd–) a vela a wela
Kette a cadeia a kadäia
Kind a criança a krianßa
Kino o cinema ßinema
klar claro/-a klaru/-a
Klasse a classe a klasse
Kleidung a roupa a ropa
klein pequeno/-a pekenu/-a
Klima o clima u klima
klingeln
tocar a campainha tokar a kampainja
klug inteligente intelischente
Knopf o botão u butaung
kochen cozinhar kusinjar
können poder puder
Körper o corpo u korpu
Körperpflege a hígene a ischene
Körperteil
a parte do corpo a parte du korpu

Kohle o carvão u karwaung
Kollege o/a colega u/a kolega
kommen vir wir
kompliziert
complicado kumplikadu
Kondom
o preservativo o preser'watiwu
Konsulat o consulado u konßuladu
Kontakt o contacto u kontatu
kontrollieren controlar kontrolar
Kopf a cabeça a kabeßa
Kopie a cópia a kópia
korrigieren corrigir korrischir
korrekt correcto korretu
Kosten os custos usch kuschtusch,
as despesas asch deschpesasch
kostenlos gratuito gratuitu
krank doente
Krankenhaus
o hospital u oschpital
Krankenwagen
a ambulância a ambulanßia
Kreuzung
o cruzamento u krusamentu
Krieg a guerra a gerra
Küche a cozinha a kusinja
kühl fresco freschku
kühlen arrefecer arrefeßer
Künstler o artista u artischta
küssen beijar bäischar
Küste a costa a koschta
Kultur a cultura a kultura
Kunde o cliente u kliente
Kurs
(Lehrgang) o curso u kurßu;
(Geld) taxa de câmbio
tascha de kâmbiu;
(Richtung)
a dirrecção a direßaung
kurz curto kurtu

L

lachen rir
Laden a loja a loscha
Lärm o barulho u barulju
lästig maçador maßador
Lampe o candeeiro u kandeäiru
Land
(in Gegensatz zu Wasser) a terra
landen (Flugzeug) aterrar;
(Schiff) chegar schegar
Landsmann conterrâneo konterráneo
Landwirt/-in o agricultor u agrikultor
a agricultora a agrikultora
Landwirtschaft
a agricultura a agrikultura
lang comprido kompridu
langsam lento lentu, lentamente
Langstreckenbus
autocarro de longa distância
autokarru de longa dischtânßia
langweilig
aborrecido/-a aborreßidu/-a
lassen deixar däischar
laufen correr korrer
laut barulhento baruljentu
leben viver wiwer
Leben a vida a wida
Lebensmittel
géneros alimentícios
schénerusch alimentißiusch
Leder o couro u koru
ledig solteiro/-a ßoltäiru/-a
leer vazio/-a wasiu/-a
legen deitar däitar
lehren ensinar enßinar
Lehrer/-in o/a professor/-a
leicht facíl faßíl;
(Gewicht) leve lewe
leider infelizmente infelischmente
leihen (jemandem)
emprestar empreschtar;
(von jemanden) pedir emprestado/-a
pedir empreschtadu/-a

Leihgebühr
a taxa de empréstimo
a tascha de empréschtimu
leise baixo/-a baischu/-a
Leiter o escadote o eschkadote
Leiter/-in o/a gerente o/a scherente
lernen aprender, estudar ischtudar
lesen ler
letzte/-r/-s o/a último /-a u /a últimu/-a
Leute a gente a schente
as pessoas asch pessoasch
Licht a luz a lu:sch
lieb querido/-a keridu/-a;
amável amáwel
Liebe o amor
lieben ama
Liebling o/a querido/-a u/a keridu/-a
liegen estar deitado
ischtar däitadu/-a
liegenlassen deixar däischar
Linie a linha a linja
links à esquerda à ischkerda
loben louvar lowar
Loch o buraco u buraku
löschen apagar;
(Feuer) extingir eschtingir
logisch lógico/-a lóschiku/-a
Lokal (Gastronomie) o local u lokal
lüften arejar areschar
lügen mentir
Luft o ar
lustig alegre
Luxus o luxo u luschu

M

machen fazer faser
Mädchen a rapariga
männlich másculino maschkulinu
Mal a vez a we:sch
malen pintar
man a gente a schente
manchmal às vezes asch we:sesch
Maniküre a manicura a manikura

Mann o homen u ómäing
Mannschaft
(Sport) a equipa a ekipa;
(Schiff, Flugzeug)
a tripulação a tripulaßaung
Markt o mercado u merkadu
Maschine a máquina a ma:kina;
(Flugzeug) o avião u awiaung
Maß a medida
massieren massejar masseschar
Matratze o colchão u kolschaung
Maus o rato u ratu
Meer o mar
mehr mais maisch
mein meu, minha minja
meinen aschar aschar
melden anunciar anunßiar
Menge a quantidade a kwantidade;
(Menschen–) a multidão a multidaung
Mensch o homen u ómäing
merken notar
Messe a feira a fäira;
(Kirche) a missa
messen medir
mich me
Miete a renda
mieten alugar
mild suave ßuawe
minus menus menusch
Minute o minuto u minutu
mir me
Mißverständnis
o malentendido u mal´entendidu
mit com kong
mitbringen levar lewar,
trazer consigo traser consigu
mitfahren acompanhar akompanjar
mitmachen participar partißipar
mitnehmen
levar consigo lewar conßigu
Mittag o meio-dia u mäiu-dia
Mitternacht a meia-noite a mäia-noite
Mode a moda
Möbel a mobília
mögen gostar de goschtar de

möglich possível possíwel
Monat o mês u mêsch
monatlich mensalmente
Mond a lua
Morgen a manhã a manjang;
(Gegenteil von gestern)
amanhã amanhang
Motorrad o motociclo o motoßiklu
Mücke o mosquito u muschkitu
müde cansado/-a kanßadu/-a
Mühe o esforço u ischforßu
Müll o lixo u lischu
Münze a moeda
müssen dever dewer
Museum o museu
Musik a música a músika
Muster o padrão u padraung
Mutter a mãe a maing

N

nach (Richtung) para, a
(zeitlich) depois de depoisch de
Nachbar/-in
o/a vizinho/-a u/a visinju/-a
nachher depois depoisch
Nachmittag a tarde
Nachricht a notícia a notíßia
Nacht a noite
Nachteil a desvantagem
a deschwantaschäing
Nachtleben
a vida nocturna a wida noturna
nackt nu/-a
Nadel a agulha a agulja
nächste-/r/-s
o/a próximu/-a u/a próßimu/-a
Nagel o prego u pregu
nahe perto de pertu de
Nahrungsmittel generos alimentícios
schenerusch alimentíßiusch
Nahverkehrsmittel
transportos suburbanos
transchportusch ßub´urbanusch

Name o nome
naß molhado/-a moljadu/-a
Nation a nação a naßaung
Natur a natureza a naturesa
natürlich naturalmente
neben ao lado de au ladu de
nehmen tomar
nein não naung
nennen chamar schamar
nervös nervoso/a nerwosu/-a
netto líquido likidu
Netz a rede
neu novo/-a nowu/-a
neugierig curioso/-a kuriosu/-a
Neuigkeit a novidade a nowidade
nicht não naung
nichts nada
nie nunca nunka
niemand ninguem ningäing
niesen espirrar eschpirrar
noch ainda ainda
nötig necessário neßessáriu
Norden o Norte
Notfall a emergência a emerschinßia
notieren tomar nota
notwendig necessário neßessáriu
nützlich útil; **(Plur.)** úteis útäisch
Nummer o número u númeru
nur só ßo

O

oben em cima äing ßima
oder ou o
öffnen abrir
Öffnungszeit
horário de funcionamento
oráriu de funßionamentu
Öl óleo óleu
Österreich a Áustria a Áuschtria
Österreicher/-in
o/-a áustriaco/a u/-a áuschtriaku/-a
Ofen o fogão u fogaung
offen aberto abertu

offiziell oficialmente ofißialmente
oft muitas vezes muitasch we:sesch
ohne sem ßäing
Ordnung a ordem a ordäing
Ort o local u lokal
Ortsangabe
a indicação do lugar
a indikaßaung du lugar
Ortszeit a hora local a óra local
Osten o Leste u leschte

P

Paar o par u par
packen empacotar äingpakotar;
(Koffer–) fazer a mala faser a mala
Päckchen o pacote u pakóte
Paket a encomenda a enkomenda
Palast o palácio u palášiu
Panne a avaria a awaria
Panorama o panorama
Papier o papel
Park o parque u park
parken estacionar ischtaßionar
Parkplatz
parque de estacionamento
u park de ischtaßionamentu
Paß o passaporte
passen servir ßerwir
passieren acontecer akonteßer
Pause o intervalo u interwalu
Pech o azar u asar
Pediküre a pedicura a pedikura
Perle a pérola
Pelz a pele
persönlich pessoal (-mente)
Person a pessoa
Personalien
os dados pessoais
usch dadusch pessoaisch
Pferd o cavalo u kawalu
Pfeife o cachimbo u kaschimbu
Pflanze a planta
Pfund o meio quilo u mäiu kilu

planmäßig metódico metodiku; conforme o plano konforme u planu
Platz o lugar u lugar
plötzlich subitamente ßubitamente
plus mais maisch
Polizei a polícia a políßia
Portugal Partugal portugal
Portugiese portogués portugesch
Portugiesin portugesa portugesa
portugiesisch português portugesch
Post o correio u korräiu
Preis o preço u preßu
prima óptimo ótimu
privat privado priwadu
pro por pur
probieren provar prowar, experimentar ischperimentar
Problem o problema u problema
Provinz a provincia a prowinßia
Prozent por cento pur ßentu
prüfen provar prowar; experimentar ischperimetar; **(Examen)** examinar isaminar
Prüfung o exame u isame
pünktlich pontual (mente)
Punkt o ponto u pontu
putzen (allgemein) fazer limpezas faser limpe:sasch; **(etwas–)** limpar

Q

Quadratmeter o metro quadarado u metru kwadradu
Qualität a qualidade a kwalidade
Qualle a medusa
Quelle a fonte
Quittung o recibo u reßibu

R

Rabatt o desconto u deschkontu
Radio o radio u rádiu
Rand a margem a marschäing
Rasen o relvado u relwadu
rasieren barbear, fazer a barba faser a barba
Rast o descanso u deschkanßu
Rat o conselho u konßelju
Rathaus a câmara municipal a kámara munißipal
rauchen fumar
Raum (Platz) o espaço u ischpaßu; **(Wohn–)** a sala a ßala
Rauschgift a droga a dróga
rechnen contar kontar, fazer contas faser kontasch
Rechnung a conta a konta, a factura a fatura
rechts à direita à diräita
Rechtsanwalt o advogado u adwogadu
rechtzeitig a tempo a tempu
reden falar
regelmäßig regularmente
regeln regular
Regierung o governo u guwernu
Region a região a reschiaung
regnen chover schuwer
reich rico/-a riku/-a
Reifenservice o serviço de pneus u ßerwißu de pneúsch
reinigen limpar
Reinigung a limpeza a limpesa
Reise a viagem a wiaschäing
Reiseführer o guia túristico u gia túrischtiku
reisen viajar wiaschar
Reisende o viajante u wiaschante
Reiseroute o itenerário u iteneráriu
Reisewörterbuch o dicionário túristico u dißionáriu tútischtiku
reiten andar de cavalo andar de kawalu
Reklamation a reclamação a reclamaßaung

Religion a religião a relischiaung
rennen correr korrer
Rentner/-in
o/a reformado/-a u/a reformadu/a,
o/a aposentadu/-a u/a aposentadu/-a
Reparatur a reparação a reparaßaung
Reparaturwerkstatt a oficína a ofißina
reparieren reparar
reservieren reservar reserwar
Rest o resto u reschtu
Restaurant
o restaurante u rischtaurante
retten salvar ßalwar
Rezept a receita a reßäita
richtig certo ßertu
Richtung a direcção a direßaung
riechen cheirar schäirar
Ring o anel u anel
Risiko o risco u rischku
Rucksack a mochila a moschi:la
rufen chamar schamar
Ruhe o sossego u sossegu
ruhig sossegado ßossegadu,
calmo/-a kalmu/-a
rutschen escorregar ischkorregar

S

Saal a sala a ßala, o salão u ßalaung
Sache a coisa a koisa;
(Angelegenh., Thema)
o assunto u assuntu
sagen dizer diser
Saison a estação a ischtaßaung,
a época a época
salzig salgado/-a ßalgadu/-a
sammeln coleccionar coleßionar
Sammlung a colecção a koleßaung
Sand a areia a aräia
satt satisfeito/-a ßatischfäitu/-a
Satz a frase
sauber limpo/-a limpu/-a
sauber machen limpar
schade é pena

schaden prejudicar preschudikar
Schaden o prejuízo u preschuísu
schädlich prejudicial preschudißial
schämen (sich)
envergonhar-se enwergonjar-ße
schätzen estimar eschtimar
Schaf ovelha owelja
schaffen criar kriar
Schalter (Elektrik) o interruptor;
(Post-) o guiché u gisché
scharf (Messer)
afiado/-a afiadu/-a;
(gewürzt) picante pikante
Schatten a sombra a ßombra
schauen olhar oljar
Schaufenster a montra
Schauspieler o actor u ator
Scheibe
(Glas-) o vidro u widru;
(Brot-) a fatia
scheinen brilhar briljar
schenken oferecer ofereßer
Schere a tesoura a tesora
schicken mandar; enviar enwiar
schieben empurrar
schießen atirar
Schild o letreiro leträiru,
a placa a plaka
Schiff o navio u na´wio
schimpfen ralhar raljar
Schirm o chapeo u schapéu
schlafen dormir
schlagen bater
Schlamm a lama
Schlange a serpente a ßerpente
schlank magro/-a magru/-a, elegante
schlau esperto/-a ischpertu/-a
Schlauch a mangueira a mangäira;
(Auto) a câmara de ar a kámara de ar
schlecht mal
schließen fechar feschar
schlimm mal
Schloß (Palast) o palácio u paláßiu;
(Tür) a fechadura a feschadura
Schlüssel a chave a schawe

Schluß o fim u fing
schmal estreito/-a ischträitu/-a
schmecken saber ßaber
schmerzen doer
schminken
maquilhar-se makiljar-ße
Schmuck as joias asch schoiasch
schmuggeln
fazer contrabando faser kontrabandu
schmutzig sujo/-a ßu:schu/-a
schnarchen ressonar
schneiden cortar kortar
Schneider o alfaiate
schneien nevar newar
schnell rápido/-a rápidu/-a
Schnur a corda a korda
schön belo bellu
Schrank o armário u armáriu
schrecklich terrível terríwel
schreiben escrever ischkrewer
Schreibwarengeschäft a papelaria
schriftlich por escrito pur eschkritu
Schritt o passo u passu
Schüler/-in o/a aluno/-a u/a alunu/-a
schützen proteger protescher
Schuh o sapato u ßapatu
Schuhmacher
o sapateiro u ßapatäiru
Schuld a culpa a kulpa;
(Geld) a dívida a díwida
Schule a escola a ischkola
Schutz a protecção a proteßaung
schwach fraco/-a fraku/-a
Schwamm a esponja a eschponscha
schwanger grávida gráwida
schweigen calar-se kalar-ße,
ficar calado/-a fikar kaladu/-a
Schweiz a Suiça a Swißa
Schweizer/-in
o/a suiço/-a u/a swißu/-a
schwer pesado/-a pesadu/-a,
difícil difißil
Schwester a irmã a irmang;
(Kranken–) a enfermeira a enfermäira
schwierig difícil difißil

Schwierigkeit
a dificuldade a difikuldade
Schwimmbad a piscína a pischßína
schwimmen nadar
schwitzen suar, transpirar transchpirar
See (die) o mar, **(der)** o lago u lagu
Seeigel o ouriço do mar u orißu du mar
Segelboot
o barco a vela u barku a wela
sehen ver wer
Sehenswürdigkeit
o momumento u monumentu
Seide a seda a ßeda
Seife o sabonete u ßabonete;
(Kern.–) o sabão u ßabaung
Seil a corda a korda
sein (Verb) ser ßer
(Poss. Pron.) seu (m), sua (f)
seit desde deschde
Seite o lado u ladu;
(Buch) a página a páschina
Sekunde o segundo u ßegundu
selbst mesmo meschmu
Selbstbedienung
selfservice ßelfßerwiß
selten raro/-a raru/-a
Semesterferien
as férias da Universidade
asch fériasch da Univerßidade
senden enviar enwiar, mandar
servieren servir ßerwir
Sessel a poltrona
setzen sentar-se ßentar-ße
sicher seguro/-a ßeguru/-a
Sicherheit a segurança a ßeguranßa
Sicherung a protecção a proteßaung;
(elektr.) o fusível u fusiwel
sie (Pron. Fem. Sing. Nom) ela;
(Pron. Fem. Sing. Akk) a;
(Pron. Pl. Nom.) eles/-as elesch/-asch;
(Pronom. Pl Akk) os/ as usch/asch
Sie (Höflichkeitsform)
3. Pers. Sing. o. Plur.
Silber a prata
singen cantar kantar

Situation a situação a ßituaßaung
sitzen
estar sentado/-a ischtar ßentadu/-a
Skorpion
o escorpião u ischkorpiaung
so assim assing
Sofa o sofa u ßo´fa
sofort imediatamente, já scha
Sohn o filho u fielju
sollen dever dewer
sondern mas masch, contudo kontudu
Sonderangebot
em promoção äing promoßaung
Sonne o sol u ßol
Sonnenaufgang
o nascer do sol u naschßer du ßol
Sonnenbrille
os óculos de sol usch okulusch de ßol
Sonnenuntergang
o pôr do sol u por de ßol
Souvenir a lembrança a lembranßa
Souvenirladen
a loja de lembranças
a loscha de lembranßasch
spät tarde
Spannung a tensão a tenßaung;
(Strom) voltagem woltaschäing
sparen poupar popar
sparsam poupado/-a popadu/-a
Spaß a brincadeira a brinkadäira;
(Vergnügen)
o divertimento u diwertimentu
spazierengehen passear
Spaziergang o passeio u passäiu
Speisekarte a lista a lischta
Spezialist/-in
o/a especialista u/a ischpecialischta
speziell
especialmente ischpeßialmente
Spiegel o espelho u ischpelju
Spiel o jogo u schogu
spielen jogar schogar, brincar brinkar
Spielzeug o brinquedo u brinkedu
Spiritus o alcohol u alkohol
Spitze a ponta

Sport o desporto u deschportu
Sprache a língua
sprechen falar
springen saltar ßaltar
spülen (Geschirr)
lavar a loiça lawar a loißa;
(Mund) lavar a boca lawar a boka
Staat o estado u ischtadu
Stadion o estadio u ischtadiu
Stadt a cidade a ßidade
Stand (Niveau) o nível u niwel;
(Messe–) stand ßtand
stark forte
starten arrancar arrankar;
(Flugzeug) levantar voo lewantar wo
Station a estação a ischtaßaung
stattfinden ter lugar
Staub o (u) pó
Staunen o eschpanto u ischpantu
stechen picar pikar
Steckdose a tomada
Stecker a ficha a fischa
stehen estar de pé ischtar de pé;
(Kleidung) ficar fikar
stehenbleiben parar
stehlen roubar robar
steigen subir ßub´ir
Stein a pedra
Stelle o lugar;
(Behörde) a repartição a repartißaung
stellen pôr
sterben morrer
Stern a estrela a ischtrela
Steuer o volante u wolante;
(Schiff) o leme u leme
Stich (Insekten–)
a picadela a pikadela;
(Schmerz) a pontada
Stiefel a bota
Stimme a voz a wösch
Stimmung (Feier)
a disposição a dischposißaung
stinken cheirar mal schäirar mal
Stockwerk o andar u andar
stören incomodar inkomodar, perturbar

Störung a pertubação a pertubaßaung;
(Unterbrechung)
a interrupção a interrupßaung
Stoff o tecido u teßidu
stoppen parar
stornieren estornar ischtornar
stoßen empurrar
Strafe o castigo u kaschtigu
Strand a praia
Straße a rua
Straßenbahn o eléctrico u eléktriku
Strauß (Blumen–) o ramo u ramu
Streichholz o fósforo u fóschforu
Streik a greve a grewe
streiten discutir dischkutir
Strömung (Wasser) a corrente a korrente
Strom (elektr.) a corrente a korrente
Stück a peça a peßa
Student o estudante u ischtudante
studieren estudar ischtudar
Studium os estudos os ischtudusch
Stuhl a cadeira a kadäira
stumm mudo/-a mudu/-a
Stunde a hora a óra
Sturm a tempestade a tempeschtade
suchen procurar prokurar
Süden o Sul u ßul
süß doce doße
Summe a soma a ßoma
Sumpf o pântano u pântanu
Swimming-pool a piscina a pischßína
sympathisch simpático/-a ßimpátiku/-a

T

Tabak o tabaco u tabaku
Tablett o tabuleiru u tabuläiru
täglich diariamente
Täter o ré
täuschen enganar
Tafel tabela
Tag o dia u dia
tagsüber de dia
Tal o vale u wale

tanken meter gasolina
Tankstelle a bomba de gasolina
tanzen dançar danßar
Tasche o saco u ßaku;
(Hand–) a bolsa a bolßa
Taschengeld
o dinheiro para despesas miudas
u dinjäiru para asch
deschpesasch miudasch
Taschentuch o lenço u lenßu
Tasse a chavena a schawena
tauchen mergulhar merguljar
tauschen trocar trokar
Taxi o táxi u táksi
Tee o chá u schá
Teil a parte
teilen partilhar partiljar
teilnehmen participar
Telefax o telefax o telefaks
Telefon o telefone u telefone
telefonieren telefonar
Telegramm o telegrama
Teller o prato u pratu
Teppich a carpete a karpete
Termin o encontro marcado
u encontru markadu;
(Frist) o prazo u prasu
Terrasse o terraço u terraßu
teuer caro/-a karu/-a
Theater o teatro u teatru
Thema o assunto u assuntu
tief fundo fundu
Tier o animal u animal
Tisch a mesa
Tochter a filha a fielja
Tod a morte
Toilette
a casa de banho a kasa de banju
Ton o tom u tong;
(Betonung) o timbre
Topf o tascho u taschu, a panela
tot morto/-a mortu/-a
Tour a volta a wolta
Tourist/-in o/a turista u/a turischta
träumen sonhar ßonjar

150

Tradition a tradição a tradißaung
tragen levar lewar
trampen ir de boleia ir de boläia
Traum o sonho u ßonju
traurig triste trischte
treffen encontrar enkontrar
trennen separar ßeparar
Treppe a escada a ischkada
treu fiel
trinkbar potável potáwel
trinken beber
Trinkgeld a gorjeta a gorscheta
Trinkwasser
a água potável a ágwa potáwel
trocken seco ßeku
trocknen secar sekar
trösten consolar konßolar
trotzdem apesar de
trübe (Flüssigkeit) turvo turwu;
(Wetter) encoberto enkobertu,
nebulado nebuladu
tschüß adeusinho adeusinju
Tuch o lenço u lenßu
Tür a porta
Tüte o saco u ßaku
tun fazer faser
Tunnel o túnel u túnel
typisch típico/-a tipiku/-a
Turm a torre

U

üben treinar träinar
über sobre ßobre
überall
por toda a parte pur toda a parte
Überfall o assalto u assaltu
überfallen assaltar
überfüllt
sobrelotado/-a ßobrelotadu/-a
überholen ultrapassar
übernachten pernoitar
Übernachtung a dormida
überqueren atravessar atrawessar
Überraschung a surpresa a ßurpresa
Überschwemmung
a inundação a inundaßaung
übersehen não reparar naung reparar
übersetzen traduzir tradusir
überweisen transferir transchferir
überzeugen convencer konwenßer
übrig restante reschtante,
que resta ke reschta
Übung o exercício u exerßíßiu
U-Bahn o metro u metru
Ufer a margem a marscháing
Uhr o relógio u relóschiu
Uhrmacher o relojoeiro u relojuáiru
um (herum) a volta de a wolta de;
(kausal) para
Umgebung
os arredores usch arre´doresch
Umkleideraum
o vestiário u weschtiáriu
umsonst (gratis) gratuitamente,
de graça de graßa;
(vergebens) em vã äing vang
Umstände
as circunstâncias
asch ßirkunschtânßiasch;
(–machen)
fazer cerimónias
faser ßerimóniasch;
incomodar-se inkomodar-ße
umsteigen mudar de
umtauschen trocar trokar
Umweg o desvio u deschwiu
Umweltschutz
a protecção do meio ambiente
a proteßaung do mäiu ambiente
umziehen
(Wohnung) mudar de casa
mudar de kasa;
(Kleider) mudar de roupa
mudar de ropa
unabsichtlich
sem intenção ßäing intenßaung
unangenehm
desagradável desagradáwel

unbedingt (nötig)
indispensável indischpenßáwel,
imprescindível impreschßindíwel
unbekannt
desconhecido/-a deschkonjeßidu/-a
unbequem
desconfortável deschkonfortáwel
unbestimmt indefinido indefinidu,
indeterminado indeterminadu,
incerto inßertu, vago wagu
und e i
unecht falso falßu;
(gefälscht)
falsificado falßifikadu;
(Lebensmittel)
aldulterado adulteradu;
(künstlich) artificial artifißial
unerträglich
insuportável insuportáwel
Unfall o acidente u aßidente
unfreundlich
pouco amável pocu amáwel;
aspero aschperu
ungefähr
aproximadadmente
aproßimadamente
ungefährlich
sem perigo ßäing perigu,
inofensivo inofenßiwu
ungemütlich
desagradável desagradáwel
ungewöhnlich invulgar inwulgar
unglaublich incrível inkriwel
Unglück a desgraça a deschgraßa,
a infelicidade a infelißidade
ungültig invalido inwalidu
ungünstig
desfavorável deschfavoráwel,
prejudicial preschudißial
unhöflich malcriado malkriádu
Universität
a universidade a univerßidade
unleserlich ilegível ileschíwel
unmöglich
impossivel impossíwel

unnötig
desnecessário deschneßessáriu
unregelmäßig irregular
unruhig irrequieto irreˊkietu
uns (Dat., Akk.) nos nusch
unschuldig inocente innoßente
unser o nosso u nossu
unten em baixo äing baischu
unterbringen (Gast)
hospedar oschpedar,
acomodar akomodar,
colocar kolokar, abrigar
Unterführung
passagem subterránea
passaschäing subterránea, túnel
unterhalten conversar konwerßar
Unterhaltung
a conversa a konwerßa;
(Vergnügen)
o divertimento u diwertimentu
Unterkunft
alojamento aloschamentu,
hospedagem oschpedaschäing
unterrichten
(Schule) ensinar enßinar;
(Info) informar
unterschreiben assinar
Unterschrift a assinatura
Unterstützung apoio apoiu,
auxílio außíliu
untersuchen examinar isaminar
unterwegs
de **(no)** caminho de (nu) kaminju
unverschämt indecente indeßente
unwichtig
sem importância ßäing importânßia
unzufrieden
descontente deschkontente
Urlaub as férias asch fériasch
Urteil
(Meinung) a opinião a opiniaung;
(Gutachten) o parecer u pareßer;
(jur.) o julgamento o schulagmentu,
a sentença a ßentenßa

V

Vase
o vaso u wasu, a jarra a scharra
Vater pai
Vaterland pátria
verabreden
marcar um encontro
markar ung enkontru
Verabredung
o encontro marcado
u enkontru markadu
verabschieden
despedir-se deschpedir-ße
Veranstaltung
espectaculo eschpektakulu
verantwortlich
responsável reschponßáwel
Verbandszeug
ligaduras e pensos
ligadurasch i penßusch
verbessern emendar
verbieten proibir
verbinden (Tel./med.) ligar
Verbindung a ligação a ligaßaung
verboten proibído proibidu
verbringen passar
verbrauchen gastar gaschtar
verbrennen queimar käimar
verdächtig suspeitu ßuschpäitu
verdienen (Geld) ganhar ganjar;
(Lob) merecer mereßer
Verein associação assoßiaßaung
verfahren proceder proßeder
Vergangenheit o passado u passadu
vergehen (Zeit) passar
vergessen esquecer ischkeßer
vergewaltigen violar wiolar
vergleichen comparar komparar
vergnügen divertir-se diwertir-ße
Vergnügung
a diversão a diwerßaung
vergoldet dourado doradu
verhaften prender

verheiratet casado/-a kasadu/-a
verhindern evitar ewitar
Verhütungsmittel
contraceptivos kontraßetiwusch
Verkauf a venda a wenda
verkaufen vender
Verkehr trânsito transitu
Verkehrsunfall
o acidente de trânsito
o aßidente de transitu
verlängern prolongar
Verlag a editora
verlassen deixar däischar, abandonar
Verleih o aluguer u aluger
verletzen ferir
Verletzt ferido feridu
verlieben
enamorar-se enamorar-ße
verlieren perder
Verlobte/-r
a/o noiva/-o a/u noiva/-u
Verlust a perda;
(Schaden) o prejuízo u preschuísu
vermeiden evitar ewitar
vermieten alugar
Vermietung aluguer aluger
Vermittlung
a mediação a mediaßaung,
a intervenção a intervenßaung
vermuten supor
verpassen (Transport) perder
Verpflegung
alimentaçaõ alimentaßaung
verpflichtet obrigado obrigadu
verreisen viajar wiaschar
verschieben deslocar deschlokar
verschieden diferente
verschlafen
passar o tempo a dormir
passar u tempu a dormir
verschwinden
desapereceer desapereßer
versichern assegurar
Versicherung o seguro u ßeguru
versilbert prateado prateadu

Verspätung o atraso u atrasu
versprechen (Zusage) prometer
Verständigung
a comunicação a komunikaßaung
verstecken esconder ischkonder
verstehen
compreender kompre'ender,
perceber perßeber
verstopft entupido entupidu
Versuch a tentativa a tentatiwa
versuchen tentar
verteidigen defender
verteilen distribuir
Vertrag o contrato u kontratu
vertragen suportar ßuportar;
(sich) fazer as pazes
faser asch pa:sesch
Vertrauen a confiança a konfianßa
Vertreter/-in o/ a representante;
(Handel) o agente u aschente
verunglücken
ter um acidente ter ung aßidente
verursachen causar kausar
verwandt aparentado aparentadu
Verzeichnis lista lischta
Verzeihung! Desculpe! deschkulpe!
Perdão! perdaung!
verzichten renunciar a renunßiar a,
desistir desischtir
verzollen obrigar a pagar
direitos alfandegários
obrigar a pagar
diräitusch alfandegáriusch
viel muito muitu
vielleicht talvez talve:sch
Viertel o quarto u kwartu
Villa a vivenda a wiwenda
Vogel o pássaro u pássaru
Volk o povo u powu
voll cheio schäiu
Vollmacht plenos poderes
plenusch puderesch;
(jur.) procuração prokuraßaung
vollständig completo kompletu
Volt vólito wóltiu

von de
vor (räumlich) em frente äing frente;
(zeitlich) antes antesch
voraus em adiante;
(zeitl.) anticipadamente antißipadamente
Vorauszahlung
pagamento prévio pagamentu préwiu
vorbereiten preparar
Vorfall o incidente u inßidente
Vorhang a cortina a kurtina
vorher antes antesch
vorläufig por enquanto pur enkwantu
Vormittag a manhã a manjang
vorn em frente äing frente
Vorname
nome de baptismo nome de batischmu
Vorort o subúrbio u sub'úrbiu
vorschlagen propor
Vorschrift a ordem a ordäing
Vorsicht a cautela a kautela,
o cuidado u kuidadu
vorsichtig cauteloso kautelosu,
cuidadoso kuidadosu
vorstellen (jmd.) apresentar;
(Idee) imaginar imaschinar
Vorstellung a ideia a idäia;
(Personen)
a apresentação a apresentaßaung;
(Theater–) o espectaculo u eschpetakulu
Vorteil a vantagem a wantaschäing
Vortrag a conferência a konferênßia
Vorurteil o preconceito u prekonßäitu

W

wachsen crescer kreschßer;
(Boden) encerar enßerar
wählen escolher ischkoljer;
(Polit.) votar wotar;
(Tel.) marcar o número
markar u número
Währung
a taxa de câmbio a tascha de kambiu
Wärme o calor u kalor

wärmen aquecer akeßer
Wäsche a roupa a ropa
Wagen o carro u karru;
(Eisenbahn) o vagão u wagaung
Wahl a escolha a ischkolja;
(polit.) a eleição a eläißaung
Wahrheit a verdade a werdade
Wald a floresta a floreschta
Wand a parede
wandern caminhar kaminjar
wann quando kwandu
warm quente kente
warnen avisar awisar
warten esperar ischperar
warum porquê purkê
was o quê o kê
waschen lavar lawar
Wasser a água a ägwa
Wassersport
desportos áquaticos
deschportusch ákwatikusch
Watt (geogr.) baixío baischiu;
(elektr.) vatio watio
Watte o algodão u algodaung
Wechselgeld o troco u troku
wechseln mudar;
(Geld) trocar trokar
wecken acordar akordar
Wecker
o despertador u deschpertador
Weg o caminho u kaminju
weg embora
weh tun doer
weiblich feminino femininu
weich macio maßiu, mole
weil porque purke
Weinberg o vinhedo u winjedu
weinen chorar schorar
weit longe lonsche
welche/-r/-s qual kwal
Welle a onda
Welt o mundo u mundu
wem a quem a käing
wen quem käing
wenig pouco poku
wenn quando kwandu
wer quem käing
Werbung
a publicidade a publißidade
werden tornar-se tornar-ße
Werk a obra
Werkstatt a oficina a ofißina
werktag dia útil
Werkzeug ferramenta
Wert o valor u walor
Wertsachen
objectos de valor
obschetusch de walor
wertvoll valioso waliosu
wessen de quem de käing
Wespe a vespa a weschpa
Westen o oeste u oeschte
Wettbewerb
o concurso u konkurßu
Wette a aposta a aposchta
Wetter o tempo u tempu
wichtig importante
wie como komu
wieder de novo de nowu
wiedergeben (zurück-)
devolver dewolwer;
(Bild) reproduzir reprodusir;
(Theat.) representar;
(Mus.) interpretar
wiederholen repetir
wiederkommen voltar woltar
wiedersehen
voltar a ver woltar a wer
wiegen pesar;
(Kind) embalar
Wiese o relvado u relwadu
wieviel quanto kwantu
Wild a caça a kaßa
wir nós nosch
Wirklichkeit a realidade
Wirt (Gast–) tabaneiro tabanäiru;
(Haus–) anfitrião anfitriaung
Wirtschaft
(Ökonomie) a economia a ekonomia;
(Gast-) o restaurante u rischaurante

Wissen o saber u ßaber,
o conhecimento u konjeßimentu
Witz a piada
Woche a semana a ßemana
Wochenende
o fim-de-semana u fing- de-ßemana
wöchentlich
semanalmente ßemanalmente
Wörterbuch o dicionário u dißionáriu
wofür para quê para kê
woher de onde
wohin para onde
wohnen morar
Wohnort residência residênßia
Wohnung
apartamento apartamentu
Wolle a lã a lang
wollen querer kerer
Wort a palavra a palawra
wünschen desejar deseschar
Wüste o deserto u desertu
wütend furioso
wunderbar maravilhoso marawiljosu
Wunsch o desejo u deseschu

Z

zählen contar kontar
Zahl o número u númeru;
(Ziffer) o algerismo u alscherischmu
zahlen pagar
Zahlung o pagamento u pagamentu
Zahnarzt o dentista u dentischta
Zeichen o símbolo u ßímbolu
zeichnen desenhar desenjar
zeigen mostrar moschtrar
Zeit o tempo u tempu
Zeitangabe sinal horário ßinal oráriu
Zeitschrift a revista a rewischta
Zeitung o jornal u schornal
Zelt a tenda
zentral central ßentral
Zentrum o centro u ßentru
Zettel o papelinho u papelinju

Zeuge
o/a testemunha u/a teschtemunja
ziehen puxar puschar
Ziel o destino u deschtínu
Zigarette o cigarro u ßigarru
Zoll a alfandêga
zu (Richtung) para, a;
(geschlossen) fechado feschadu
zubereiten preparar
zufrieden contente kontente
Zug o comboio u komboiu
zuhören escutar ischkutar
Zukunft o futuro u futuru
zumachen fechar feschar
Zunahme aumento
zunehmen (Person) engordar,
aumentar de peso
zurück de volta de wolta
zurückfahren voltar woltar
zurückgeben devolver dewolwer
zurückzahlen
reembolsar re'embolßar
zusammen junto schuntu
zuschauen observar obserwar
Zuschauer
observador obserwador
zuständig
responsável reschponßáwel
zusteigen entrar
Zutritt a entrada
zuverlässig
de confiança de konfianßa
zuviel demais demaisch,
demasiado demasiadu
Zweck a finalidade
Zweifel a dúvida a dúwida
zweifeln duvidar duwidar
zwingen obrigar
Zwischenlandung
a escala a ischkala

Wörterbuch Portugiesisch - Deutsch

A

aberto offen
abertura Öffnung
abrigar unterbringen
abrir öffnen
aborrecido langweilig
acabar beenden, enden
acalmar beruhigen
acertar treffen
achar finden
acidente Unfall
acidente de transito Verkehrsunfall
acomodar unterbringen
acompanhar begleiten
acontecer geschehen
acordar aufwachen, wecken
actor Schauspieler
adeus! Auf Wiedersehen!
aeroporto Flughafen
adeusinho Tschüß
admirar bewundern
adormecer einschlafen
advogado Rechtsanwalt
adulto erwachsen
adulterado gefälscht
afiado (Messer) scharf
agência Agentur
agente Vertreter
agradável angenehm
agradecer danken
agora jetzt
agricultor Landwirt, Bauer
água Wasser
agulha (Näh–) Nadel
ajuda Hilfe
ajudar helfen
ainda noch
alcolhol Alkohol/Spiritus
aldeia Dorf
algas Algen
alegrar erfreuen
alemã deutsch, Deutsche
alemão deutsch, Deutscher
alfaiate Herrenschneider
alfinete Stecknadel
algo (irgend–) etwas
algodão Watte
alimentação Ernährung
alojamento Unterbringung
alguém (irgend–) jemand
algum/-ns (m)
alguma/-s (f) einige, etwas
altura Höhe, (Körper–) Größe
alugar mieten
aluguer Miete, vermieten
aluno Schüler
amanhã morgen
amar lieben
ambulânciaa Krankenwagen
amargo bitter
amável liebenswert, freundlich
amigável freundlich
amigo Freund
amiga Freundin
andar gehen
andar de cavalo reiten
anel Ring
anfitrião Gastgeber
animal Tier
ano Jahr
anticipadamente vorher, im voraus
anunciar ankündigen
anualmente jährlich
apagar auslöschen, (Licht) ausschalten
aparelho Apparat
aparentado/-a verwandt
a partir de von... an
apenas nur, lediglich

apesar de obwohl, trotz
aplauso Applaus
aposentado im Ruhestand, Rentner
aposta Wette
apostar wetten
apreciar schätzen, genießen
apresentação Vorstellung
apresentar vorstellen
apressado in Eile, eilig
aproximadamente annähernd
aquecer erwärmen, erhitzen, heizen
aquecimento Heizung
aqui hier
areia Sand
armário Schrank
arrame Draht
arrancar ausreißen
arrefecer abkühlen
arredores Umgebung
artigo Artikel
artista Künstler
árvore Baum
arrancar ausreißen, (Fahrzeug) starten
arranjar besorgen, reparieren
as (best. Art.f. / Nominativ/Akkustiv Plural) die
Ásia Asien
aspero unfreundlich; rauh
assaltar überfallen
assalto Überfall
associação Verein
assado Braten
assar braten
assegurar versichern
assinar unterzeichnen
assinatura Unterschrift
assunto Thema
assustar erschrecken
às vezes manchmal
atenção Aufmerksamkeit, (!) Achtung
atencioso aufmerksam
atirar werfen, zielen
atrás hinter
atraso Verzögerung, Verspätung
atravessar überqueren
aumento Vergrößerung, Erhöhung (Preis)
Áustria Österreich
áustriaco Östereicher
autocarro Autobus
avaliar (ein–) schätzen
avaria Panne
avião Flugzeug
azar Pech

B

baía Bucht
bagagem Gepäck
baile Ball (Tanz)
baixio Watt
baixo niedrig, klein
em baixo unten, unter
banho Bad
barco Boot
barco a vela, veleiro Segelboot
barata Kakerlake
barato/-a billig
barbear rasieren
barulho Lärm
bater schlagen
bebado betrunken
bébé Baby
beber trinken
bebida Getränk
beijar küssen
belo schön
bicicleta Fahrrad
binóculo Fernglas
bola Ball
bomba de gasolina Tankestelle
bombeiros Feuerwehr (-männer)
bonito hübsch
bota Stiefel
botão Knopf
breve kurz (zeitl.)
em breve bald

brincar spielen, scherzen
brincadeira Spiel, Scherz
buraco Loch
burro Esel

C

cabeça Kopf
cabelereiro Friseur
cabina Kabine
cachimbo (Tabak–) Pfeife
cada jeder, jede
cadeia Gefängnis
caderno Heft
café Kaffee, Café
cair fallen
caixa Dose, Kiste
calar-se schweigen
calmo ruhig
cama Bett
câmara do ar Schlauch (Auto)
câmara fotográfica Fotokamera
câmara municipal Rathaus
caminhos de ferro Eisenbahn
campo Feld, Land
canal Kanal
canção Lied
cancelar absagen, stornieren
candeeiro Lampe
cansativo ermüdend
cansar-se ermüden
o capital Kapital
a capital Hauptstadt
canto Ecke, Gesang
cão Hund
carta Brief
carta de condução Führerschein
carvão Kohle
carne Fleisch
casa de férias Ferienhaus
casal (Ehe–) Paar
casar-se heiraten

caso Fall
castigo Strafe
cauteloso vorsichtig
cavalo Pferd
cedo früh
cego blind
central zentral, Zentrale
centro Zentrum, Innenstadt
certo richtig, gewiß
ceu Himmel
chamar rufen
chamar-se heißen
chantagem Erpressung
chão (Fuß–) Boden
chapeu Hut, Schirm
chave Schlüssel
chavena Tasse
chegada Ankunft
chegar ankommen
cheirar riechen
cheirar mal stinken
cheiro Geruch
chorar weinen
chover regnen
cigarro Zigarette
em cima de auf, über
cinema Kino
claro klar, hell
classe Klasse
cliente Kunde
clima Klima
cobertor (Woll–) Decke
coisa Ding
colcha (Bett–) Decke
colchão Matratze
coleccionar sammeln
coleccionador Sammler
colecção Sammlung
colega Kollege
colorido bunt
com mit
comboio Zug
com certeza gewiß
começar beginnen

comer essen
comerciante Kaufmann, Händler
comida Essen
comparar vergleichen
complicado kompliziert
compra Kauf
comprador Käufer
comprido lang
concurso Wettbewerb, Konkurs
conduzir (Auto) fahren, lenken
de confiança verläßlich
conforme o plano planmäßig
confortável bequem, komfortavel
congratular gratulieren
conhecido bekannt, Bekannter
conselho Ratschlag
consolar trösten
constipação Erkältung
constipar-se sich erkälten
consulado Konsulat
conta Rechnung
contar zählen, erzählen
em conta preiswert
contactar Kontakt aufnehmen
contente zufrieden, erfreut
conterraneo Landsmann
conteúdo Inhalt
contra gegen
contraceptivos Verhütungsmittel
contrário Gegenteil
controlar kontrollieren
conversa Unterhaltung
conversar sich unterhalten
convidar einladen
convite Einladung
cópia Kopie
copo Glas
cor Farbe
corda Seil, Kordel
correcto korrekt, richtig
correio Post
correr laufen, rennen, fließen
corrigir berichtigen, korregieren
cortar schneiden

cortina Gardine
costa Küste
costume Gewohnheit
couro Leder
cozinhar kochen
credo; crença Glaube
crer glauben
criar aufziehen
criança Kind
cruzamento Kreuzung
cuidado Vorsicht
cuidadoso vorsichtig
culpa Schuld
culpar beschuldigen
cultura Kultur
cumprimentar begrüßen
cumprimentos Grüße
curso Kurs
curto kurz
custo Kosten

D

dados pessoais persönliche Daten
danificar beschädigen
dançar tanzen
dano Schaden
data Datum
de von
estar deitado liegen
deitar legen
deitar-se sich hinlegen
de caminho unterwegs
decidir entscheiden
defender verteidigen
com defeito fehlerhaft
defeito Fehler
deixar lassen
demais zu sehr, zu viel
demasiado
demora Aufenthalt (Bahn)
de dia tagsüber

dentista Zahnarzt
de onde woher
depois de danach
depositar niederlegen, hinterlegen
deposito de perdidos e achados Fundbüro
de quem von wem
desagradável unangenehm; unfreundlich
desaperecer verschwinden
desapontado enttäuscht
descansar ausruhen
desconfortável unbequem
desconhecido unbekannt
descontar abziehen (Preis), ermäßigen
desconto Preisnachlaß
desconfortável unbequem
descrever beschreiben
descrição Beschreibung
desculpar entschuldigen
desculpa Entschuldigung
desde seit
desenhar zeichnen
desenho Zeichnung
desejar wünschen
desejo Wunsch
desfavorável ungünstig
desfazer a mala den Koffer auspacken
desgraça Unglück, Mißgeschick, Ungnade
deslocar verlegen, verrücken; (refl.) sich begeben
desnecessário unnötig
despachar abfertigen, absenden
despachar-se sich beeilen
despedir-se sich verabschieden
despedida Abschied
despertador Wecker
depois de danach
desporto Sport
desportos áquaticos Wassersport
despir ausziehen
destinatário Empfänger
destino Ziel; Schicksal
desvantagem Nachteil
dever Pflicht
deveres Hausaufgaben,

deus Gott
deus queira hoffentlich
devolver zurückgeben
dia útil Werktag
dicionário Wörterbuch
dicionário túristico Reiswörterbuch
diferente verschieden, anders
difícil schwierig
dinheiro Geld
direito/a gerade; rechts
direcção Richtung
discutir diskutieren
distância Distanz
distribuir verteilen
divertir-se sich vergnügen
dívida Schuld
dobrar verdoppeln; beugen
a dobrar doppelt
doente krank
doer schmerzen
dormir schlafen
dormida Übernachtung
dourado vergoldet, golden
droga Droge
drogaria Drogerie
durar dauern
duro hart
duração Dauer
dúvida Zweifel
duvidar zweifeln

E

economia Wirtschaft
edifício Gebäude
editor Verleger
editora Verlag
educar erziehen
educação Erziehung
ela/-s sie/ sie (Pl.)
ele/-s er/ sie (Pl.)
eléctrico elektrisch, Straßenbahn

elegante elegant
elevador Aufzug
emagrecer abnehmen
embora obwohl, weg
em cima de auf; über
emendar verbessern, berichtigen, ausbessern
emergência Notfall
em frente de vor, vorne
empacotar einpacken
empregado (da mesa) Kellner
empurrar schieben; stoßen
enamorar-se sich verlieben
encoberta (Himmel) bedeckt
encerar schließen
encomenda Bestellung
encomendar bestellen
encontrar treffen
encontro Treffen
endereço Adresse
enfermeira Krankenschwester
enganar täuschen; betrügen
enganar-se sich irren
engano Irrtum
engomar bügeln; stärken (Wäsche)
engordar zunehmen (Gewicht); dicker werden; mästen
ensinar unterrichten; beibringen
entornar verschütten
entrar eintreten
entrada Eingang
envergonhar-se sich schämen
enviar schicken
equipa Mannschaft
equipamento Ausrüstung
errado falsch
errar irren
error Irrtum
escada Treppe
escadote Leiter
escala Skala
escola Schule
escolha (Aus-)Wahl
escolher aussuchen, wählen

esconder verbergen, verstecken
escorregar ausrutschen
escorpião Skorpion
escrever schreiben
por escrito schriftlich
escritório Büro
escutar zuhören; lauschen
esforço Anstrengung
esgotado erschöpft, ausverkauft
espaço (frei) Raum, Platz
especialista Spezialist
especialmente speziell
espectáculo Schauspiel
espelho Spiegel
esperar warten
esperto schlau; gerissen
espirrar niesen
esponja Schwamm
esposa Gattin
esposo Gatte
esquecer vergessen
à esquerda links
estacionar parken
estado Staat; Zustand
estadia Aufenthalt
estádio Stadion
estância balnear Badeort
estar sein (zeitweilig)
estar com atenção aufmerksam sein
estar com sede durstig sein
estar com frio frieren
estar com fome hungrig sein
estar com raiva wütend sein
estar com sono müde sein
estragar zerstören; verderben
estrangeiro Ausländer
estranho fremd, seltsam
estreito eng, schmal
estrela Stern
estudante Student
estudar studieren
evitar vermeiden
exame Examen, Prüfung
examinar prüfen

exato genau
excursão Ausflug
exemplo Beispiel
exercício Übung
explicação Erklärung
explicar erklären
exterior außen, äußerlich, Außen-...
extintor de fogo Feuerlöscher

F

fábrica Fabrik
fácil leicht
falar sprechen
falso falsch
falsificação Fälschung
famoso/-a berühmt
farmácia Apotheke
fatia Scheibe
por favor bitte
faz favor bitte
fazer machen
fazer a barba sich rasieren
fazer chantagem erpressen
fazer compras einkaufen
fazer contas rechnen
fazer contrabando schmuggeln
fazer a mala Koffer packen
fazer as pazes sich vertragen
fechado geschlossen
fechadura (Tür–) Schloß, Schlüsselloch
fechar schließen
feio/-a häßlich
feira (Jahr–) Markt; Messe
feliz glücklich
feminino weiblich
ferramenta Werkzeug
férias Ferien, Urlaub
feriado Feiertag
ferir verletzen
ferida Wunde, Verletzung
ferido Verletzter

festa Fest
festejar feiern
ficar bleiben, sich befinden
fiel treu
filha Tochter
filho Sohn
filme Film
fim-de-semana Wochenende
fio Faden
finalidade Zweck
fino fein, dünn
flôr Blume
floresta Wald
fogo Feuer
fogão Herd
fonte Quelle
forte stark
fósforo Streichholz
fraco schwach
frase Satz
fraude Betrug
fresco frisch
frente Vorderteil, Vorderseite
frio kalt
fronteira Grenze
fumar rauchen
fundo tief; Grund
furioso wütend
fusível Sicherung
futuro Zukunft

G

ganhar gewinnen
garagem Garage
garrafa Flasche
gastar ausgeben
gastronomia Gastronomie
gato Katze
gelado (Speise–) Eis
gelo Eis
generos alimentícios Lebensmittel

gente Leute ; man
geralmente im allgemeinen, allgemein
gerente Geschäftsführer
gordo dick, fett
gorduroso fettig
gostar de mögen
governo Regierung
de graça gratis, umsonst
gramática Grammatik
grande groß
gratificação Belohnung; Honorar
gratuito/gratuitamente gratis, umsonst
gravida schwanger
guardar verwahren, hüten
guerra Krieg
guiar lenken, fahren
guia túristico Fremdenführer
guiché Schalter

H

habitar wohnen
habitante Bewohner
hígene Hygiene
história Geschichte
hoje heute
homen Mann; Mensch
hora local Ortszeit
hospede Gast
hospitaleiro gastfreundlich
hospatibilidade Gastfreundschaft
hospital Krankenhaus
hotel Hotel
húmido feucht

I

idade Alter
ideia Idee
ideal ideal
identidade Identität
identificar identifizieren
igual gleich
ilegível unleserlich
ilha Insel
imagem Bild
imediatamente sofort
imobílias Immobilien
importância Wichtigkeit
importante wichtig, bedeutend
impossível unmöglich
imprescindível unabdingbar
inauguração Eröffnung
incapacidade Unfähigkeit, Behinderung
incerto ungewiß
incêndio Feuer, Brand
incidente Vorfall
incomodar belästigen
não se incomoda
machen Sie keine Umstände
incrível unglaublich
indecente unverschämt
indefinido unbestimmt
indigeno Einheimischer, einheimisch
indispensável unabdingbar
infelizmente unglücklicherweise, leider
infelicidade Unglück
informar informieren
informação Information
inocente unschuldig
ir às compras einkaufen
insecto Insekt
inscrever-se sich einschreiben
insuportável unerträglich
internacional international
interesse Interesse
interessante interessant
interior inner, innerlich, Innen -...

interrupção Unterbrechung
intervalo Pause
invalido invalid, ungültig
intervenção Vermittlung; Eingreifen; Eingriff
invulgar ungewöhnlich
ir gehen
ir de boleia per Anhalter fahren
ir buscar holen
irmã Schwester
irmão Bruder
irmãos Geschwister
irregular unregelmäßig, regelwidrig
irrequieto unruhig
isso dieses hier
isto dieses da
iterenário Route

J

já schon, sofort
janela Fenster
jantar Abendessen
jardim Garten
joalheiro Juwelier, Goldschmied
jogar spielen
jogo Spiel
joias Juwelen
jovem jung
juíz Richter
julgamento Urteil
junto zusammen
jurídico gesetzlich, juristisch
juventude Jugend

L

lá dort
lá fora draußen
lã Wolle
lado Seite
ao lado de neben, an der Seite von
lago der See
lama Schlamm
lamentar bedauern, beklagen
lamentável bedauerlich
largo breit
largo (öffentlicher) Platz
lata Blech, Büchse
lavar waschen
lavar a loiça spülen
lavar os dentes Zähne putzen
lei Gesetz
lembrar erinnern
lembrança Erinnerung, Souvenir
leme Steuerrad (Schiff), Ruder
lento langsam
leste Osten
letreiro Schild
levantar-se aufstehen
levar nehmen, tragen
levar consigo mitbringen
limpar reinigen, sauber machen
limpo sauber
limpeza Reinigung
língua Sprache, Zunge
linha Linie, Garn
líquido flüssig, Flüssigkeit
lista Liste, Speisekarte
livraria Buchhandlung
livre frei
livro Buch
lixo Abfall
local Ort, örtlich, Lokal
lógico logisch
loja Laden
loja de artigos fotográficos Fotoladen
loja de lembranças Andenkenladen

longe weit weg
louvar loben
lua Mond
lugar Ort, Platz
luxo Luxus
luz Licht

M

maçador langweilig
macio weich
madeira Holz
mãe Mutter
mais mehr
magro mager
mão Hand
mal schlecht
malcriado unverschämt
malentendido Mißverständnis
mandar schicken
maneira Art und Weise
de qualquer maneira irgendwie
mangeira (Garten-) Schlauch
manhã Morgen
manicura Maniküre
mão Hand
maquilhar-se sich schminken
máquina fotográfica Fotoapparat
mar Meer
marcar markieren
marcar um encontro sich verabreden
marcar um número
eine (Telefon) Nummer wählen
margem Ufer, Rand
másculino männlich
maravilhoso wunderbar
mas aber
massejar massieren
me mir
mediação Vermittlung
medida Maß, Größe
medir messen

medusa Qualle
meio halb
meio dia Mittag
meia noite Mitternacht
meio quilo Pfund
menina, rapariga Mädchen
menino, rapaz Junge
mensalmente monatlich
mentir lügen
mensagem Botschaft; Nachricht
mercado Markt
merecer (Lob) verdienen
merenda Imbiß
mergulhar tauchen
mês Monat
mesmo selbst
metade Hälfte
meter gasolina tanken
metódico methodisch; planmäßig
metro Meter; U-Bahn
metro quadrado Quadratmeter
meus meine (mask.)
minhas meine (fem.)
minuto Minute
misto gemischt
mobília Möbel
mochila Rucksack
moeda Münze, Währung
moda Mode
molestar belästigen
molhar anfeuchten, naß machen
molhado naß, feucht
montanha Berg
montra Schaufenster
morder beißen
morrer sterben
morto tot
mosca Fliege
mosquito Mücke
mostrar zeigen
motivo Motiv
motorista Chauffeur
mover bewegen
movimento Bewegung

mudar de casa umziehen
mudar de roupa sich umziehen
muitas vezes oft, häufig
muito viel
mulher Frau
multa Ordnungsstrafe
multidão (Menschen–) Menge
mundo Welt
museu Museum
música Musik

N

não nein
não reparar nicht merken
nação Nation
nadar schwimmen
naqueles tempos
natural natürlich
antigamente damals, früher
nascer do sol Sonnenaufgang
nativo einheimisch; Einheimischer
natureza Natur
navio Schiff
necessário notwendig
negócio Geschäft
nervoso nervös
neta/-o Enkelin, Enkel
nevar schneien
neve Schnee
nos uns (Akk.)
nós wir
nosso unser
ninguém niemand
noite Nacht
nome de baptismo Vorname
notícia Nachricht
norte Norden
notar merken
novidade Neuigkeit
nu/-a nackt
número Nummer

O

obeso beleibt
obra Werk
obrigar verpflichten, zwingen
obrigar a pagar direitos alfandegárias
zollpflichtig sein
objecto Gegenstand
observar beobachten
observação Beobachtung
observador Beobachter
ocupado besetzt
óculos Brille
oeste Westen
oferecer anbieten, schenken
óleo Öl
olhar sehen, schauen
olho Auge
ontem gestern
opinião Meinung
óptimo bestens, sehr gut, prima
orar beten
ordem Ordnung
a ordem Zahlungsanweisung;
zur Verfügung
original original
ou oder
ou ... ou entweder ... oder
ouriço do mar Seeigel
ouro Gold
ouvido Ohr, Gehör
ouvir hören
óxala hoffentlich

P

pagar zahlen
pagar a pronto bar zahlen
pagar um sinal anzahlen
pagamento Zahlung
pagamento prévio Anzahlung
pai Vater

pais Eltern	**pedinte** Bittsteller, Bettler
padrão Muster	**pedra** Stein
página Seite	**peixe** Fisch
palácio Palast	**pele** Haut; Pelz; Leder
palavra Wort	**pena** Feder; Bedauern; Strafe
panorama Panorama	**é pena** es tut mir leid
pântano Sumpf	**pendurar** aufhängen
papel Papier	**estar pendurado** hängen
papelinho Zettel	**pensar** denken
par Paar	**perda** Verlust
para nach, zu; für	**perder** verlieren
parar enden; halten	**pergunta** Frage
parabens Glückwunsch	**perguntar** fragen
para quê wofür; warum	**perigo** Gefahr
para onde wohin	**sem perigo** ungefährlich
parecer Gutachten	**perigoso** gefährlich
parede Wand	**permitir** erlauben
partir abfahren, zerschlagen	**pernoitar** übernachten
partida Abfahrt	**pérola** Perle
a partir de von ... an, aus	**perto de** nahe bei; in der Nähe von
parte do corpo Körperteil	**perturbar** stören; verwirren
participar teilnehmen	**pesado** schwer
parque Park	**pesar** wiegen
parque de estacionamento Parkplatz	**peso** Gewicht
partilhar teilen	**pessoal** Personal
parvo dumm; Dummkopf	**pessoalmente** persönlich (Adv.)
passar vorbeigehen, vorübergehen	**pessoa** Person
passado Vergangenheit	**pessoa que viaja de boleia** Anhalter
passar o tempo a dormir verschlafen	**piada** Witz
passagem Übergang	**picadela** Stich
passaporte Paß	**pintar** zeichnen; malen
pássaro Vogel	**piscína** Schwimmbad
passatempo Zeitvertreib, Hobby	**placa** Schild
passear spazieren gehen	**plenos poderes** Vollmacht
passeio Spaziergang	**pobre** abre
pastilha elástica Kaugummi	**pobreza** Armut
pátio Hof	**poltrona** Sessel
patrão Chef	**poder** können
pátria Vaterland	**pó** Staub
peão Fußgänger	**polícia** Polizei
peça sobressalente Ersatzteil	**pontada** Stich (Schmerz)
pedicura Pediküre	**pontual** pünktlich
pedir bitten	**popular** volkstümlich; populär
pedido Bitte	**pôr** setzen, stellen, legen

por durch, pro
por cento Prozent
por enquanto einstweilen
por toda a parte überall
por escrito schriftlich
ponta Spitze
porquê warum
porque weil
porta Tür
porto Hafen
postal Postkarte
potável trinkbar
pouco wenig
pouco amável unfreundlich
poupar sparen
poupado sparsam
poupanças Ersparnisse
povo Volk
praia Strand
prata Silber
prateado versilbert
prato Teller
preconceito Vorurteil
pregar nageln, heften
pregar uma partida einen Streich spielen
prego Nagel
preguiça Faulheit
preguiçoso faul
prejudicar benachteiligen, schaden
prejudicial nachteilig, schädlich
prejuízo Nachteil, Schaden
prender ergreifen, festnehmen
preparar vorbereiten, zubereiten
presente gegenwärtig, Gegenwart
preservativo Präservativ
prestes bereit
primeiro erstens, zuerst
prisão Gefängnis
privado privat
procurar suchen
procuração (jur.) Vollmacht
profissão Beruf
proibir verbieten
proibição Verbot

prolongar verlängern
promessa Versprechen
prometer versprechen
em promoção im Angebot
pronto bereit
pronunciar aussprechen
propor vorschlagen
proposta Vorschlag
propriedade Eigentum
proprietário Eigentümer
protecção Schutz
protecção do meio ambiente Umweltschutz
proteger beschützen
prova Beweis
provar beweisen
província Provinz
próximo am nächsten, der Nächste
publicidade Werbung
puxar ziehen

Q

qual welcher, welche, welches
qualidade Qualität
quando wann
quantia Menge, Summe, Betrag
quantidade Menge
quanto wieviel
quarto Zimmer; Viertel
quase fast
o quê was
queimadura Verbrennung
queimar brennen; verbrennen
quem wer, wen
a quem wem
de quem von wem, wessen
quente heiß
querer wollen, wünschen
querida/-o lieb, Liebe/-r

R

rádio Radio
ramo Zweig; Strauß
rapariga Mädchen
rapaz Junge
rápido schnell
raro selten
ratazana Ratte
rato Maus
real wirklich
realidade Wirklichkeit
receber erhalten, empfangen
recepção Empfang
receita Rezept
recibo Quittung, Rechnung
reclamar reklamieren
reclamação Reklamation
recomendar empfehlen
recomendação Empfehlung
reconhecer anerkennen
reconhecimento Anerkennung
recuperar wiedererlangen, wiederherstellen, sich erholen
recuperação Wiedererlangung, Wiederherstellung, Erholung
recusa Weigerung
rede Netz
reembolsar zurückzahlen
refrescar erfrischen, abkühlen
refresco Erfrischung
regatar handeln
região Region
regularmente regelmäßig
religião Religion
religioso religiös
relógio Uhr
relojoeiro Uhrmacher
relvado Rasen
rendar (arrendar) vermieten
renúnciar verzichten
reparar reparieren, merken
reparação Reparatur
repartição Behörde
repetir wiederholen
rés do chão Erdgeschoß
responabilidade Verantwortung
responsável verantwortlich
restaurante Restaurant
resultado Ergebnis
resultar gelingen
rio Fluß
rir lachen
riso Lachen
rocha Felsen
roubar stehlen, rauben
roubo Raub
roupa Kleidung
ruído Geräusch, Lärm
ruídoso laut

S

sã/ são gesund (f./m)
sabonete Seife
sabão Kernseife
saco Tüte, Tasche
saída Ausgang
sal Salz
sala Saal, Wohnzimmer
salão Salon, Saal
salgado salzig
saltar springen
salto Sprung, Absatz
salvar retten
salvação/salvamento Rettung
santa/-o Heilige/-r
sapato Schuh
sapateiro Schuster
saudável gesund
saúde Gesundheit
secar trocknen
seco trocken
seda Seide
seguir folgen

segurança Sicherheit
seguro Versicherung
sem importância unbedeutend
sem intenção unbeabsichtigt, versehentlich
semana Woche
semanalmente wöchentlich
sem perigo ungefährlich
senhor Herr
senhora Dame
sensível sensibel
sensibilidade Sensibilität
sentimento Gefühl
sentar-se sich setzen
estar sentado sitzen
separar trennen
ser sein (permanent)
ser amigo de befreundet sein
serpente Schlange
serra Gebirge; Säge
serviço Bedienung, Dienst, Service
serviço de pneus Reifenservice
serviços públicos öffentlicher Dienst
servir dienen, bedienen, passen
significar bedeuten
sim ja
símbolo Symbol
simpatia Sympatie
simpático/-a sympatisch
simples einfach
sinal Zeichen; Anzahlung
sinal horário Zeitzeichen
situação Situation
só nur; allein
sobrelotado überfüllt
sol Sonne
solteiro ledig
soma Summe
sombrar Schatten
sonho Traum
sorte Glück
sossegado ruhig
sossego Ruhe
sozinho allein

stop halt
sucesso Erfolg
sucursal Zweigstelle; Filiale
suficiente genug; genügend

T

tabaco Tabak
tabaneiro Wirt
taberna Kneipe
tacho Topf
também auch
tarde spät; Nachmittag
taxa de empréstimo Zinsen; Leigebühr
teatro Theater
tecto (Zimmer) Decke
telefonar telefonieren
telefone Telefon
telegrama Telegramm
tempestade Sturm
tempo Zeit; Wetter
tensão Druck
terra Erde
terreno Grundstück; Gelände
terrível schrecklich
terraço Terrasse
ter lugar stattfinden
testemunha Zeuge
típico/-a typisch
tocar berühren; (Instrument) spielen
tocar a campinha klingeln
todo ganz
tomar atenção aufmerken, bemerken
tornar-se werden
torre Turm
tosse Husten
tossir husten
tomar o pequeno almoço frühstücken
tomar nota notieren
trabalhar arbeiten
trabalhador fleißig; Arbeiter
traduzir übersetzen

transferir überweisen
transferência Überweisung
transpirar schwitzen
transpiração Transpiration, Schweiß
transportes suburbanos Nahverkehr
trânsito Verkehr
tratar de handeln von
tratar behandeln
tratamento Behandlung; Anrede
trazer bringen
treinar trainieren
tribunal Gericht
tripulação Besatzung
triste traurig
trocar wechseln, tauschen, umtauschen
trocos Wechselgeld
turco türkisch, Türke
turvo trüb
túnel Tunnel

U

ultrapassar überholen, überwinden
universidade Universität
urgente dringend
útil nützlich
utilizar gebrauchen

V

em vã vergeblich
vacina Impfung
vago frei, leer
vale Tal; Gutschein
valido gültig
valioso wertvoll
valor Wert
vantagem Vorteil
vantajoso vorteilhaft
vaso Blumentopf
vela Segel; Kerze; Zündkerze

vender verkaufen
veneno Gift
venenoso giftig
vendedor Verkäufer
ver sehen
vespa Wespe
vestiário Umkleideraum
vez Mal
viagem Reise
viajar reisen
vida Leben
vida nocturna Nachtleben
vidro Glas
vinhedo Weinberg
violar vergewaltigen
violação Vergewaltigung
visita Besuch
visitante Besucher
visitar besuchen
vista Visum; Aussicht
vivenda Villa
voar fliegen
voo Flug
voo charter Charterflug
volante Steuer (Auto)
a volta Rückkehr, Umkehr, Spaziergang
voltar zurückkehren
voltar à casa nach Hause kommen
voltar a ver wiedersehen
voltar a ver wiedersehen
por volta de ungefähr um ...
de volta zurück
votar wählen (Politik)
voto (Wahl) Stimme; Gelübde